CAMELY RABELO E RICARDO OKINO

LIDERANÇA E GESTÃO DE ALTA PERFORMANCE EM VENDAS

AS 8 COMPETÊNCIAS PARA LIDERAR E ACELERAR OS RESULTADOS DO SEU TIME DE VENDAS

Diretora
Rosely Boschini

Gerente Editorial
Rosângela de Araujo Pinheiro Barbosa

Editora Júnior
Natália Domene Alcaide

Assistente Editorial
Fernanda Costa

Produção Gráfica
Fábio Esteves

Edição de Texto e Coordenação Editorial
Algo Novo Editorial

Preparação
Fernanda Guerriero Antunes

Capa
Rafael Brum

Projeto Gráfico e Diagramação
Vanessa Lima

Revisão
Giulia Molina Frost e Natália Mori

Impressão
Gráfica Bartira

Copyright © 2023 by
Camely Rabelo e Ricardo Okino
Todos os direitos desta edição
são reservados à Editora Gente.
Rua Natingui, 379 – Vila Madalena
São Paulo, SP – CEP 05443-000
Telefone: (11) 3670-2500
Site: www.editoragente.com.br
E-mail: gente@editoragente.com.br

CARO(A) LEITOR(A),

Queremos saber sua opinião sobre nossos livros.
Após a leitura, siga-nos no linkedin.com/company/editora-gente,
no TikTok @EditoraGente e no Instagram @editoragente
e visite-nos no site www.editoragente.com.br.
Cadastre-se e contribua com sugestões, críticas ou elogios.

Dados Internacionais de Catalogação na Publicação (CIP)
Angélica Ilacqua CRB-8/7057

Rabelo, Camely
 Liderança e gestão de alta performance em vendas : as 8 competências para liderar e acelerar os resultados do seu time de vendas / Camely Rabelo, Ricardo Okino. - São Paulo : Editora Gente, 2023.
 192 p.

 ISBN 978-65-5544-354-7

 1. Liderança 2. Vendas 3. Administração de pessoal 3. Desenvolvimento profissional I. Título II. Okino, Ricardo

23-3808 CDD 658.4092

Índice para catálogo sistemático:
1. Liderança

NOTA DA PUBLISHER

Não é segredo para ninguém a importância da área comercial em uma empresa, o que torna ainda mais preocupante a grande lacuna na formação e especialização dos profissionais de vendas. Em um mercado tão competitivo e dinâmico, a solução para se destacar é uma só: tornar-se um profissional com habilidades não apenas técnicas, mas também estratégicas e de liderança, que domina as competências necessárias para atingir a alta performance.

Foi justamente por isso que o projeto da Camely e do Ricardo chamou minha atenção. Eles criaram a escola Exchange pensando em preencher essa lacuna, em capacitar e especializar profissionais para que possam desenvolver uma carreira de alta performance em vendas, contribuindo, assim, para fortalecer o setor como um todo. *Liderança e gestão de alta performance em vendas* é um livro que nasceu para completar esse propósito, levando conhecimento para ainda mais pessoas.

Se você, leitor, é um dos profissionais que deseja adquirir formação em liderança e gestão para alcançar resultados excepcionais na área de vendas e impulsionar seu crescimento profissional, esta é uma leitura indispensável. É hora de acelerar sua carreira, de desenvolver pessoas, de bater metas. Você está pronto? Boa leitura!

ROSELY BOSCHINI – CEO E PUBLISHER DA EDITORA GENTE

AOS LÍDERES E LIDERADOS
QUE NOS DESENVOLVERAM,
NOS DESAFIARAM DIARIAMENTE
E NOS INSPIRARAM NA
CONSTRUÇÃO DESTA OBRA.

8   Prefácio de Marcelo Lombardo

14 Introdução

20 1. A dicotomia da liderança comercial

26 2. Seja o personagem principal da sua história

32 3. O diagnóstico: Mapa de autoavaliação sistêmica

46 4. A missão do líder

54 5. O líder de alta performance é um atleta corporativo

66 6. Recrutamento e seleção não são coisas de RH

76 7. Seu papel na construção da subcultura comercial

86 8. Colocando a liderança situacional em prática

94 9. Como desenvolver e motivar equipes de vendas

PREFÁCIO

Eu costumo comparar cada ação de *go to market* com um mistério que você tem que desvendar. Qual é a forma mais eficiente de se fazer com que a proposta de valor de um produto chegue ao público-alvo? Quais técnicas e caminhos utilizar para criar um time capaz de converter vendas?

Foi tentando desvendar esses mistérios que conheci Camely e Okino. Pude vê-los atuando no campo de batalha da gestão comercial, imersos em um mercado altamente competitivo – neste contexto, não basta ter um produto inovador. O nome do jogo era distribuição e, portanto, não é necessariamente o melhor produto que vence essa disputa – é quem consegue se comunicar melhor com o mercado e gerar vendas de modo mais eficiente.

Mas há um fato peculiar nesse ecossistema: existe uma distância enorme entre saber vender e saber liderar um time de vendas. Nisso, todo mundo que é da área certamente já errou ao menos uma vez na vida, pois o conjunto de competências que se faz necessário para ambas as posições são muito diferentes.

Nossa tendência natural é olhar para o melhor vendedor da equipe e vislumbrá-lo na posição de um líder de sucesso, aquele que irá encabeçar o time e levar os liderados a bater suas metas. Este é um movimento muito comum na área comercial: o melhor vendedor vira líder de vendas, e isso normalmente acaba em desastre.

Não estou dizendo que o líder de vendas não precisa saber vender (afinal, ninguém respeita um professor de natação que não sabe nadar), mas o que vivencio todos os dias é que saber vender é uma pequena parcela das competências necessárias para se construir um time de alta performance. E fica bem mais fácil contratar ou promover alguém para a liderança de vendas quando você está totalmente consciente de quais competências realmente precisa avaliar.

Olhando sob a perspectiva de um CEO, as expectativas que recaem sobre o líder de vendas mudam conforme o estágio da empresa. No primeiro momento, quando a empresa ainda é embrionária, é comum que o próprio CEO acabe sendo o líder da área – e, acredite em mim, se você não tem alguma dessas competências como CEO, este livro é para você também. Quando a empresa cresce um pouco mais, o CEO precisa de um líder que saiba multiplicar as práticas para uma equipe maior, escalando sua força de ação, mas ainda sob a sua coordenação bastante próxima.

Mas quando a empresa realmente cresce, o papel do CEO passa a ser, em primeiro lugar, garantir que em cada área exista um líder que seja dez vezes melhor do que ele naquele assunto. Eu, como CEO, amo trabalhar com pessoas ambiciosas, que desejam fortemente sentar na cadeira temporária que eu ocupo como gestor de vendas no estágio inicial, e que são proativas na gestão de suas carreiras, estudando formas de se tornarem dez vezes melhor do que eu nesse assunto.

Após superar o desafio de contratar ou desenvolver um líder de vendas, o gestor ainda precisará se manter em alerta: o mercado todo estará de olho nesse profissional. E se a sua empresa se destaca no mercado, o cenário pode ficar pior – o seu negócio vira uma vitrine em que muitos concorrentes, querendo um atalho para desvendar o "mistério" do sucesso, podem tentar contratar as pessoas do seu time, especialmente os líderes, pois são eles que têm a capacidade de escalar a força de vendas. O antídoto para isso é alinhar os interesses de maneira mais ampla. Reter esses talentos transformando-os em sócios do seu negócio. É aqui que entram os programas de incentivo de longo prazo, mais conhecidos como SOP – Stock Options Program.

Mas isso funciona mesmo? A resposta é: nem sempre. Muitos líderes de vendas podem e devem ser desenvolvidos a partir do time de vendas, acrescentando-se as competências deste livro às que o vendedor já tem. Esse é o caminho feliz e o plano de desenvolvimento para quem ama vendas. Porém, existe uma característica do vendedor que precisa ser apagada da mente de um líder de vendas: **a visão de curto prazo**. Vendedores bons são muitas vezes *coin operated* e focam demasiadamente a compensação de curto prazo – mais conhecida como comissão –, e isso está correto. Por outro lado, o líder de vendas, quanto mais alta a sua posição na empresa, mais ele retira o seu ganho variável por meio do bônus anual em vez da comissão. O SOP ainda é algo que vai bem mais além, é algo que faz sentido financeiramente se você está na empresa há mais de quatro anos, normalmente. Obviamente os prêmios envolvidos em bônus e SOP são extremamente mais altos do que qualquer comissão, porém eles fazem sentido monetariamente no longo prazo e não mais no seu contracheque. Chavear o modelo de compensação de curto para longo prazo na sua cabeça é algo que deve também mudar ao longo da sua jornada de desenvolvimento profissional em vendas. Acredite: a parte milionária da remuneração só virá se você realinhar sua visão com esse fato!

Olhando de uma forma macro à gestão empresarial, sobretudo em empresas de sucesso, consigo identificar apenas dois tipos de profissional: os que vendem e os que ajudam a vender. Se uma pessoa trabalha, por exemplo, na área de atendimento ao cliente, dar um excelente atendimento gera mais referências positivas para o negócio, o que, diretamente e indiretamente gera mais vendas. Se você está em vendas, parabéns: você já se encontra no melhor lugar possível para ter esse reconhecimento, pois a conexão é sempre direta, não indireta como em outras áreas. Neste caso, as dicas que eu dou são sempre estas:

» **Seja um bom vendedor.** Gosto muito da ideia do bom vendedor que quer desenvolver sua carreira para a gestão de vendas, pois este tipo de profissional tem uma autoridade especial junto ao time que lidera. Nessa posição, você passa constantemente as seguintes mensagens: "eu já me provei na sua posição"; "eu já estive aí onde você está" e "eu entendo o seu mundo". Isso é um ativo muito importante!

» **As competências necessárias para exercer a liderança comercial com eficiência são muitas e são profundas** – e não adianta tentar dominar tudo ao mesmo tempo. Essas competências sempre podem ser divididas em duas partes: dados e pessoas – e você precisará de ambas para subir na pirâmide. Entretanto, comece pela parte mais fácil para você, aquelas que você possui mais aptidão natural. Olhe para as oito competências apresentadas nesta obra e escolha uma por vez, da mais fácil para você até a mais difícil;

» Ao longo da sua jornada no mundo de vendas, **mude seu mindset de curto para longo prazo**. Líderes de vendas entendem e se alinham com as estratégias e com os objetivos de longo prazo das empresas, e o seu pote de ouro também está nessa visão de futuro.

Se você já está em uma posição de liderança e seu objetivo é escalar time de vendas, preciso antecipar: querer não é poder. O líder (ou os líderes, em conjunto) precisa não de sete das oito competências, mas de todas elas. E não para por aí: a cada etapa do crescimento, a profundidade aumenta, e sempre fica mais desafiador. Em um estágio inicial, por exemplo, o líder de vendas tem que saber fazer o seu planejamento. Quando a empresa escala, ele passa a liderar outros líderes e não diretamente a equipe de vendas, e então precisará fazer o mesmo planejamento através do seu time - o que é completamente diferente. Na verdade, estamos falando da mesma distância que existe entre um vendedor e um líder de vendas: saber fazer ou saber fazer por meio do time, ganhando escala.

No fim das contas, a dica que considero fundamental para a escala é: pense em como você colocará em prática cada uma das oito competências quando a empresa for dez vezes maior do que é, e você rapidamente entenderá a mudança de cenário e de perspectiva. Imagine que seu time de vendas não é mais composto de vendedores, mas sim de coordenadores, gerentes e (por que não...?) de diretores.

COMPETÊNCIAS FUNDAMENTAIS PARA UMA LIDERANÇA DE VENDAS

Como disse anteriormente, no decorrer desta obra você encontrará oito competências fundamentais para o desenvolvimento de líderes de vendas de alta performance. No entanto, uma delas se destaca por sua importância e, coincidentemente, por talvez ter a menor literatura disponível entre todas as demais: a **comunicação**. Esta competência distingue os líderes excepcionais, afinal, tendo-a bem desenvolvida, o líder é capaz de traduzir as estratégias e táticas da empresa em algo que o seu time consiga entender, sabendo entregar o contexto de "por que as coisas são como são", de modo que o time absorva.

Este é um dos exercícios mais difíceis de se fazer, pois você terá que se despir de quem é e de toda a carga de conhecimento que trouxe até aqui e vestir a consciência do seu liderado, ver o mundo pelo prisma de uma outra pessoa que não sabe tudo que você sabe, e, a partir desse ponto, criar sua estratégia de comunicação.

Existem milhares, certamente centenas de milhares de livros sobre vendas e gestão comercial no mundo. Mas, nesta obra, arrisco dizer que pela primeira vez o leitor irá se deparar com as oito competências que, de fato, servirão para pavimentar uma carreira sólida e consistente em vendas e, assim, conseguir se desenvolver em seus pontos fracos e fortalecer ainda mais os pontos fortes.

Okino e Camely não são instrutores de palco. Viveram e aplicaram o que ensinam em empresas de verdade e sabem como funciona o campo de batalha.

MARCELO LOMBARDO
CEO e fundador da Omie, plataforma de gestão para PMEs número 1 do Brasil

INTRODUÇÃO

Talvez o título deste livro tenha causado alguma confusão. No entanto, saiba que liderança e gestão não são a mesma coisa, apesar de ambas fazerem parte das competências que um líder de vendas deve ter. Justamente por não entenderem as diferenças entre esses dois conceitos, muitos se frustram com a própria carreira ao assumirem a liderança comercial – mesmo tendo sido vendedores brilhantes, com excelentes resultados.

Isso acontece por diversos motivos, e o principal deles vem da crença de que bons vendedores necessariamente serão bons líderes de vendas – o que nem sempre é verdade, sobretudo quando o profissional em questão não recebe o treinamento adequado. Indivíduos com perfis de liderança podem não se sair tão bem com números e análises de dados, enquanto pessoas mais analíticas e que têm facilidade com cálculos podem apresentar maior dificuldade em engajar, influenciar e fazer seus liderados se moverem em direção a uma ideia. Compreender a diferença entre os conceitos, identificar o seu perfil e buscar suprir as próprias carências é o primeiro passo rumo a uma carreira de sucesso.

Nós nos deparamos com essa realidade no início de nossa trajetória profissional. O sentimento de que faltava algo para sermos líderes de vendas foi percebido em nossa evolução como profissionais de vendas e, em seguida, enquanto líderes. Para cada área em que buscávamos desenvolvimento, era preciso encontrar um treinamento em uma instituição diferente, porque não existia capacitação completa e unificada.

Entretanto, essa carência deu origem à nossa parceria. Reconhecer tal fragmentação de cursos e a escassez de uma formação completa que abrangesse todas as competências necessárias para um líder comercial foi o que nos uniu com um objetivo: criar uma escola voltada à formação de líderes de vendas em suas diversas posições.

Assim nasceu a Escola Exchange,[1] cuja missão é modelar uma formação única e que contemple todos os pilares indispensáveis no dia a dia de um gestor e de um líder comercial. E os resultados não poderiam ser melhores! Recebemos feedbacks de alunos relatando aumentos salariais expressivos e que agora percebem seus liderados muito mais engajados, além daqueles que obtiveram promoções e alcançaram novos cargos – resultados dos quais nos orgulhamos muito.

A verdade, porém, é que a nossa trajetória se cruzou antes da Exchange. Nós, Camely Rabelo e Ricardo Okino, tivemos alguns pontos de contato quando ainda trabalhávamos em outras empresas. Já fomos concorrentes, passamos por desafios bem parecidos e, em um movimento estratégico, acreditamos que nossa união poderia render bons frutos. E não é que estávamos certos? Foi então que decidimos criar o Programa de Liderança e Gestão em Vendas (LGV) na Escola Exchange e entregar algo que fazia falta no mercado. Vamos nos aprofundar mais nessa história sobre o nosso propósito, mas, antes, precisamos nos conhecer melhor.

PRAZER, CAMELY!

Eu tive uma carreira linear em vendas: comecei como pré-vendedora e, então, executiva de vendas, até perceber que queria algo a mais. Recém-formada em Administração, eu sentia que tinha mais a alcançar e contribuir. Foi quando decidi me candidatar para a vaga de supervisora comercial na empresa em que trabalhava. De lá para cá, ocupei diferentes posições e me vi diante de muitos desafios – o maior deles, sem dúvidas, como diretora comercial de uma startup em crescimento acelerado, responsável por liderar quase 140 profissionais. Depois de transitar entre as áreas comerciais, passei a dar aulas de vendas e liderança e me descobri apaixonada por um assunto específico: desenvolver pessoas.

Meu pai trabalhava como camelô, e foi ele quem me apresentou a esse universo quando eu ainda era muito pequena, por volta dos 6 anos. Eu o via

---

1 Conheça mais em: www.escolaexchange.com.br. Acesso em: 18 jun. 2023.

empreender para sustentar a família e, por nunca me conformar com a nossa situação financeira – e de tanto minha mãe repetir que a maneira de mudar aquilo era por meio da educação –, busquei inúmeras formações e cursos que contribuíssem para o meu desenvolvimento pessoal e profissional. Hoje, sou graduada em Administração, pós-graduada em Gestão de Projetos, com formação em Coach, Hipnoterapia e Programação Neurolinguística. Reuni um repertório que, com certeza, vai impactar muitas vidas – e agora é uma felicidade vê-lo se tornar acessível e democrático por meio desta obra.

Sentir na pele essas dificuldades e passar por praticamente todos os cargos comerciais – além de ter uma grande bagagem acadêmica, construída ao longo dos anos, fruto de muito foco e disciplina – me fizeram acumular um amplo conhecimento que não se limita ao teórico, mas que reconhece os desafios do dia a dia de um líder ao gerir e liderar.

Em 2017, assumi a liderança de inside sales e precisei recorrer a um mentor para desenvolver a operação e suprir com facilidade aquilo em que eu tinha dificuldade. Esse mentor foi Ricardo Okino.

PRAZER, RICARDO OKINO!

Depois de anos trabalhando na área comercial, decidi unir forças com alguém em quem eu enxergava competências que me complementavam: Camely. Identificar essas habilidades adicionais nos levou a criar a nossa escola, dedicada à formação de profissionais com habilidades de liderança e gestão.

No entanto, a primeira coisa que você, leitor, precisa saber sobre mim é que a área de vendas transformou a minha vida. Eu vim de uma família simples, e encontrei nesse mercado a oportunidade para quebrar muitos paradigmas e me livrar de algumas amarras.

Em 2007, iniciei como estagiário de vendas internas, recebendo um salário de 600 reais. Aos 18 anos, quando fui efetivado, consegui um bom aumento, ganhando em comissão mais do que qualquer pessoa do meu convívio familiar na época. E aprendi, na prática, que vendas é uma área muito democrática, pois permite que qualquer um se desenvolva, independentemente de suas origens. Com base no próprio esforço, na própria vontade de fazer acontecer, um vendedor pode ganhar dinheiro e materializar os seus objetivos.

Além do fator financeiro, descobri que o setor comercial é um dos mais importantes dentro de uma companhia. Parece óbvio, né? Mas você nem imagina quanta gente se esquece disso. O vendedor é um dos profissionais com maior capacidade e possibilidade de assumir um cargo executivo de uma empresa, de COO a CEO. Em minha trajetória, passei por todos os cargos de maneira muito linear e, aos poucos, conquistei promoções, gratificações, participações e aumentos salariais.

O que mais me chama atenção nesse movimento de ascensão não foi o sucesso ou o prestígio financeiro, e sim perceber que, quando eu comecei a replicar conhecimento para meus liderados, essas pessoas evoluíram exponencialmente e transformaram também a própria vida.

Mas claro que nem tudo são flores, e toda história de sucesso conta com surpresas desagradáveis. Aos 20 anos, decidi abrir a minha empresa e... fali. Não só fui à falência, como já tinha acumulado uma dívida de quase 300 mil reais. Eu não conhecia ninguém com a minha idade que devesse tanto dinheiro, então imaginava que nunca conseguiria pagar. No entanto, decidi fazer o que fazia de melhor: vender como se não houvesse amanhã. E foi graças a comissões de vendas que quitei essa quantia.

Nos anos seguintes, sem o peso da dívida nas costas, investi muita energia em estudos e trabalho, conquistando todos os meus objetivos de carreira executiva, e virei diretor antes dos 30 anos. E este livro é mais um passo de minha caminhada.

Tive a oportunidade de liderar muitas pessoas que multiplicaram em mais de dez vezes sua remuneração. Alguns liderados também se tornaram empreendedores que, hoje em dia, faturam centenas de milhares de reais ao mês. Olhar o salário e a receita desses ex-liderados é uma forma de tangibilizar o sucesso deles, e isso me motiva a compartilhar meus conhecimentos cada vez mais, para impactar outras pessoas.

Embora eu e a Camely tenhamos alguns pontos de convergência em nossa trajetória, o entusiasmo por vendas e a paixão por fazer a diferença certamente são as nossas principais missões. Você, leitor, também pode ser transformado pelo método LGV. Ele lhe fornecerá o caminho e as ferramentas certas. Se estiver disposto a fazer o que precisa ser feito, decerto ganhará muito dinheiro e terá uma carreira inspiradora e de sucesso.

AGORA É A SUA VEZ!

Se pretende alcançar um cargo de liderança — ou se já o assumiu, mas ainda não sabe muito bem o que fazer —, é hora de diagnosticar as competências que precisa desenvolver. E se você está ciente de que existem habilidades a serem construídas para ser um excelente líder e gestor comercial, mesmo que não as domine, metade do caminho já está traçado. Aliás, ter essa consciência possibilita fazer melhores escolhas no seu time, priorizando pessoas com competências complementares às suas.

Esta obra reúne todos os passos que um profissional precisa seguir para ser um líder de vendas completo. Você será capaz de autodiagnosticar suas competências e explorar este material conforme as áreas que necessitam de desenvolvimento. A ideia é ler os capítulos na ordem, mas sinta-se à vontade para revisitar temas específicos sempre que julgar necessário, de acordo com o desafio que enfrenta ou com o momento de carreira que estiver atravessando. Tudo isso lhe permitirá criar o próprio Plano de Desenvolvimento Individual, sem ficar à mercê de ninguém – seja seu empregador, seja o RH ou terceiros.

O método apresentado nestas páginas tem como base quatro competências que um líder precisa ter, além de outras quatro essenciais a um gestor. (Lembrando que todo líder deve também ser gestor, afinal essas duas frentes caminham juntas.)

Escrevemos este livro para profissionais que realmente querem acelerar a carreira em vendas e para líderes que almejam desenvolver seus liderados e se tornar, de fato, um líder coach. Nos capítulos que seguem, vamos compartilhar os ensinamentos teóricos e aqueles que adquirimos com a prática de mais de uma década de profissão. Nosso objetivo é que você, leitor, obtenha toda a ajuda necessária para assumir o protagonismo em sua carreira.

Você está pronto? Então, vamos lá!

1.
A DICOTOMIA DA LIDERANÇA COMERCIAL

"A tentativa de ser excelente em tudo
pode fazer você não ser realmente bom em nada."

CAMELY RABELO

Não é raro encontrar empresas que enfrentam problemas de performance associados a uma má gestão da operação comercial – a principal responsável por gerar receita na companhia. Talvez você mesmo já tenha vivenciado algo semelhante ou presenciado uma situação assim. Isso acontece porque, muitas vezes, os líderes de vendas estão perdidos em meio ao engajamento do time e à gestão de resultados, sem saber como prosseguir ou o que priorizar. Como consequência, surgem alguns gargalos: por exemplo, a falta de planejamento estratégico comercial e de rituais de gestão com a equipe. Tais questões geram cada vez mais obstáculos para a empresa e para o novo líder, que passa a sofrer com a frustração de não estar "à altura do cargo" ou "suficientemente preparado" para os desafios que a nova cadeira apresenta.

Um time comercial demanda muito do líder da operação, seja para dar as diretrizes de trabalho e tomar a frente das ações, seja para engajar e desenvolver a equipe. Quando o profissional não está pronto para tal missão, alguns resultados negativos podem ser esperados: falta de previsibilidade, problemas associados à receita da companhia, sentimento de insuficiência, rotatividade de colaboradores e danos à própria reputação.

Esse cenário costuma ter como ponto de partida o fato de os líderes receberem a proposta da promoção e a aceitarem sem pensar muito sobre o assunto. Por representar o próximo passo da carreira, eles se prontificam ao desafio, mesmo que a empresa não os tenha preparado para esse novo cargo, que requer habilidades muito diferentes das exigidas de vendedores. Dessas habilidades, as pessoas têm afinidades diferentes. Algumas estão mais próximas da gestão; outras, da liderança. Entretanto, sem as duas frentes juntas, tornam-se líderes incompletos – e não porque não sejam bons profissionais, mas apenas por não terem sido preparados e desenvolvidos para um novo papel.

Quando um líder é promovido ou tem pouca experiência para gerir a equipe de vendas, cada novo desafio vem acompanhado de muitas interrogações: *Por onde eu começo? O que eu priorizo? Como eu resolvo isso?* Surge, então, o sentimento de que é necessário mais preparo, mas a pessoa não encontra uma solução rápida e efetiva e, assim, acaba se perdendo no dia a dia de trabalho. Milhares de profissionais passam por isso diariamente. Nós dois vivenciamos essa situação em nossas carreiras e nos vimos precisando trocar a turbina do avião durante o voo. E foi só ao sentir na pele que entendemos que ser bom em tudo é um mito!

Aqueles que assumem cargos de liderança são cobrados, muitas vezes, para que sejam bons em tudo – por seus pares, por seus superiores ou por si próprios. Mas, repito, ser bom em tudo é um mito! De acordo com a própria personalidade, o indivíduo terá mais facilidade em atuar em determinadas frentes e precisará se dedicar com mais ênfase para desenvolver outras.

Como você já percebeu, liderança e gestão não são sinônimos – e devemos ter isso em mente ao diagnosticar as próprias competências e carências. Enquanto a gestão está preocupada em mensurar resultados, a liderança deve oferecer condições adequadas para que os colaboradores sejam capazes de entregar tais resultados. A liderança é visionária, e trabalha com inspirações, objetivos e sonhos; a gestão torna esses sonhos factíveis e tangíveis.

A liderança, pura e tão somente fechada em si, é a capacidade de alguém influenciar os outros. Ainda não estamos falando de líderes comerciais, nem mesmo de líderes corporativos; mas ter capacidade de mover indivíduos rumo a um objetivo é uma das características daqueles que têm personalidade influente. O chamado "líder nato" pode ter mais facilidade para engajar e mobilizar rumo aos objetivos pretendidos, tanto bons como ruins. Martin Luther King Jr. foi um líder, assim como Adolf Hitler. Ambos em suas esferas, mobilizando pessoas a abraçarem seus discursos, para lados totalmente opostos. Em geral, "líderes natos" reúnem traços comportamentais similares – como comunicatividade, bom jogo de cintura e diplomacia – e tendem a ser muito bons em relacionamentos.

A liderança corporativa, por sua vez, não é um dom ou uma característica que nasce conosco. Ela é – e deve ser – trabalhada e desenvolvida para levar seu time a atingir os objetivos em comum.

Os conceitos em torno da palavra liderança, em especial a corporativa, flutuam de acordo com a época à qual nos referimos. Isso acontece porque o cenário corporativo está em constante transformação, e as demandas e exigências dos trabalhadores também mudam. Afinal, o que era valorizado vinte, trinta ou quarenta anos atrás deu lugar a novas demandas. Consequentemente, a forma de liderar precisou se readaptar, e esse processo acontece de maneira contínua. Quando falamos em liderança de operação comercial, afunilamos um pouco mais os conceitos envolvidos. Na minha visão, ser um líder de times de vendas diz respeito, sobretudo, a desenvolver seu autoconhecimento e entregar resultados com base nisso.

Conhecer suas habilidades fortes e as características que precisam ser mais bem desenvolvidas é o que pesa na balança para ser um líder completo. Se você é muito bom com pessoas, relacionamentos e liderança, mas não é excelente em gestão, então já tem uma resposta: precisa focar em aperfeiçoar esse traço ou, então, contratar alguém para delegar tal responsabilidade.

Quando o indivíduo é um líder com autoconhecimento, o primeiro recurso que deve buscar para apoiá-lo no crescimento da operação é alguém que o complemente, que seja muito bom no que ainda lhe falta. Tentar ser excelente em tudo e desencadear o efeito canivete pode ser um tiro no pé de líderes comerciais. No fim das contas, trata-se de entender o que vai causar o maior impacto gerando o menor esforço. Aquilo que requer bastante esforço e que o indivíduo não necessariamente domina deve ser delegado – isso fará diferença no resultado e na eficácia da liderança e, como consequência, da operação.

Tenha em mente: bons líderes não precisam tocar todas as frentes de uma operação com excelência. Bons líderes devem desenvolver seus pontos fracos para que tenham condições de reconhecer bons profissionais, delegar funções e mitigar eventuais danos que possam acontecer.

Não ser bom em tudo não é necessariamente um problema. No entanto, o problema pode nascer da **falta de paixão do líder**. É isso que o paralisa, o impede de avançar, de se manter em desenvolvimento contínuo e de se tornar um profissional admirado, eficiente e inspirador.

Existe um movimento natural e comum no universo de vendas: os melhores vendedores são identificados e convidados a assumir a gestão comercial – infelizmente, é muito comum que nada seja feito a fim de prepará-los para esse novo desafio, como falamos no início do capítulo. Diversos desses profissionais aceitam o cargo ofertado, pois creem que a ascensão representa uma evolução na carreira, trazendo mais reconhecimento, dinheiro e status dentro e fora da organização. Aceitam não pela missão de desenvolver pessoas, mas por acreditarem ser um degrau necessário para o sucesso profissional.

Muitas vezes, a grande causa do fracasso ou da frustração na carreira é o profissional não ter a clareza **de estar tomando a melhor decisão**. Se ele não é, de fato, apaixonado por liderança, por desenvolvimento de pessoas, por resultados, existe uma grande chance de se frustrar. A **falta de paixão** é o motivo dos problemas em todas as lideranças, não apenas na comercial.

Em contrapartida, o indivíduo pode ter paixão pela liderança e por desenvolver seus times, mas estar despreparado para o cargo. Assim, o rumo que a operação toma passa a ser incerto. No entanto, ainda temos um mercado defasado em relação a formações que preparem um líder de vendas realmente eficiente em sua atuação – não porque não haja profissionais capacitados para ensinar as competências necessárias, mas porque muitos estão concentrados nas próprias carreiras e acabam negligenciando o impacto de compartilhar conhecimento. Isso se mostra quando as pessoas e empresas acabam se fechando em si e deixando de impactar outras vidas e carreiras.

Outro problema enfrentado pelo líder que quer se desenvolver é um cenário fragmentado de formações. Ele dificilmente encontrará uma instituição que o prepare para ter as competências necessárias em todas as frentes em que atuará. Apenas depois de viver os desafios impostos pelo novo cargo é que estará apto a ir atrás dessas formações.

SER UM LÍDER DE TIMES DE VENDAS DIZ RESPEITO, SOBRETUDO, A DESENVOLVER SEU AUTOCONHECIMENTO E ENTREGAR RESULTADOS COM BASE NISSO.

2.
SEJA O PERSONAGEM PRINCIPAL DA SUA HISTÓRIA

"Definição de sorte: oportunidade que aparece na hora exata para quem se preparou todos os dias para o momento certo."

RICARDO OKINO

A ascensão profissional é um movimento esperado em todos os mercados por pessoas com o mínimo da ambição, mas o caminho precisa ser pavimentado com consistência para que as bifurcações não as distanciem do verdadeiro objetivo.

Um profissional que almeja ascender na carreira deve estar munido de algumas estratégias para garantir que os movimentos feitos em sua profissão — as decisões tomadas, as formações que busca e os desafios aceitos — serão a favor desse objetivo. Contudo, no cotidiano excessivamente atarefado, muitos acabam negligenciando o seu plano de carreira e fazem o que precisam para garantir que as entregas estejam em dia, olhando para a companhia em que trabalham, mas pouco, ou nada, para a própria carreira enquanto indivíduos. Essa falta de visão de médio e longo prazo faz com que não se tenha uma perspectiva clara sobre quais são os próximos passos a serem dados a fim de se atingir os resultados pretendidos, além de, possivelmente, tornar a pessoa refém das decisões tomadas por terceiros ou até mesmo pelo acaso.

Nós dois, Camely e Okino, temos uma visão profissional semelhante que recai sob uma tríade, a qual, por sua vez, exerce grande influência na construção de uma carreira sólida. Ela é composta de três pilares que, tanto na leitura de um gestor, quanto sob a ótica de liderança, são fundamentais para alavancar uma carreira profissional: **estudo**, **experiência profissional** e **networking**. Não se deve priorizar um pilar em detrimento de outro, pois todos são a base da sua construção, e mantê-los no radar vai acelerar em alguns anos a sua corrida corporativa.

Em primeiro lugar, é por meio do estudo que você vai garantir que está em constante aprendizado e que não será deixado para trás enquanto novas tendências surgirem (e elas surgem a todo momento, não adianta fugir). Não estamos falando de graduação ou, necessariamente, de algum estudo acadêmico formal, mas, sim, de buscar conhecimentos vanguardistas enquanto questiona o *statu quo* – por exemplo, como empreendedores e executivos de sucesso como Bill Gates, Steve Jobs, Mark Zuckerberg e Michael Dell se tornaram bem-sucedidos sem ter um diploma formal –, atualizando referências de mercado. Ter essa leitura de mundo servirá de combustível na engrenagem da sua carreira, e você perceberá como as coisas começam a fluir quando deixa de buscar apenas conhecimentos acadêmicos e entende que pode obter riqueza ao beber também de outras fontes. No mundo digital, é possível acessar muito conhecimento produzido por pessoas altamente qualificadas e relevantes nos segmentos em que se propõem a produzir e replicar conteúdos. Vá atrás dessas referências e faça desse consumo um hábito.

Quanto à experiência, nós sabemos que todo mundo começou do zero, certo? No entanto, por que alguns caminhos são mais rápidos e assertivos do que outros? O mais importante é priorizar os desafios de carreira que vão lhe trazer oportunidades de testar, na prática, toda aquela teoria estudada. Vá ao encontro de oportunidades de executar e aprender. Se conseguir fazer isso em uma empresa, além de expandir muito o seu repertório, você ganhará o seu pão. Priorize experiência em vez de salário, sempre que possível, e utilize a organização em que atua como laboratório – visando aos melhores resultados, validando e replicando o que, de fato, funciona e faz a operação crescer e conquistar objetivos, enquanto apara as arestas de iniciativas que podem não funcionar tão bem.

O networking é tão importante quanto os outros dois fundamentos. Procure conhecer pessoas que possam mentorá-lo ao longo do tempo, pois elas vão contribuir com seu crescimento muito mais do que você imagina. Um conselho pertinente é: fique próximo daqueles que são bons no que fazem e geram resultados excepcionais; mas fuja dos que não se destacam e só reclamam, ou que estão constantemente tentando encontrar culpados para resultados insatisfatórios. Quem tem dificuldade em lidar com a própria limitação e arrogância acaba impedido de avançar para outros patamares de carreira. Inspire-se naqueles que fazem acontecer e se aproxime dessas pessoas, aprendendo ao máximo com elas.

Voltando agora a olhar para a sua carreira, ter clareza sobre aonde se quer chegar, qual a remuneração esperada dentro de determinado período, quais desafios pretende assumir e que cargos almeja é o primeiro passo para criar um Plano de Desenvolvimento Individual. Com isso claro, a próxima etapa é identificar quais competências essa cadeira vai exigir e já começar a se preparar.

Conversar com indivíduos que já "chegaram lá", com amigos em posições semelhantes, e acompanhar pesquisas de mercado são uma boa forma de extrair informações. Com esses dados em mãos, torna-se mais fácil fazer um autodiagnóstico e entender quais são seus pontos fracos e quais competências devem ser desenvolvidas para que possa chegar à posição pretendida de maneira eficiente, sem perder tempo com movimentos que desperdicem dinheiro, tempo e energia.

Na área comercial, pessoas que gostam de estudar e que têm rotinas consistentes de desenvolvimento – tudo isso somado a uma boa dose de disciplina – podem chegar muito longe. Para se tornar um líder de vendas completo, porém, é preciso saber o que você **já sabe** e saber o que **ainda não sabe**. Ou seja: é necessário passar do estágio **incompetente inconsciente** para **incompetente consciente**. Quando você tem consciência de que não sabe algo, pode procurar formas de adquirir esse conhecimento para, enfim, tornar-se competente naquilo que se propôs a fazer. Admitir suas fraquezas é o primeiro passo para transformá-las em forças.

Esse foi o grande escopo que nos motivou a criar o método LGV, o programa que engloba as competências de gestão e liderança, porque você, leitor, precisará dominar os dois conceitos para ser um líder comercial completo – não só números nem só habilidades com pessoas, mas ambos.

Ao longo deste livro, você será conduzido por uma trilha de conhecimentos que, juntos, formam o quebra-cabeça da liderança e gestão de alta performance. A disposição dos passos é estratégica para garantir que todas as habilidades necessárias sejam abordadas em uma ordem lógica, semelhante à dos desafios apresentados a uma cadeira de líder comercial. Depois de aprender táticas e rotinas que aumentarão sua eficiência no engajamento e na estruturação da sua máquina de vendas, os resultados virão – e você precisa saber como gerenciá-los e replicá-los.

Enquanto Camely exerce a figura de líder coach, eu tenho as competências de um gestor analítico. Com aptidões complementares, juntos, guiaremos você para que seja capaz de extrair o melhor dos dois universos e, com as ferramentas em mãos, se torne um líder completo e construa uma carreira consistente.

Lembre-se de que, no fim das contas, o único responsável pela sua carreira é você mesmo. Tome a frente da própria caminhada e seja o protagonista dela. Faça o que precisa ser feito para garantir que o seu caminho está levando você para o seu objetivo, e não para longe dele. Vamos lá?

NO FIM DAS CONTAS, O ÚNICO RESPONSÁVEL PELA SUA CARREIRA É VOCÊ MESMO. TOME A FRENTE DA PRÓPRIA CAMINHADA E SEJA O PROTAGONISTA DELA.

3.
O DIAGNÓSTICO: MAPA DE AUTOAVALIAÇÃO SISTÊMICA

"Seu estado desejado deve ser definido com base na compreensão do seu estado atual."

CAMELY RABELO E RICARDO OKINO

A excelência operacional só pode ser alcançada quando se tem um olhar claro, objetivo e sistêmico sobre os pontos fortes e as defasagens do profissional. Muitas vezes, o líder não sabe que não detém determinado conhecimento importante para sua atuação no cargo que ocupa — e essa ignorância é um perigo. Quando se toma consciência da necessidade de se aperfeiçoar, pode-se criar um Plano de Desenvolvimento Individual eficaz, buscando suprir a lacuna em sua bagagem.

Em contrapartida, não há como saber quais habilidades deve desenvolver se você desconhece suas defasagens e os seus pontos fortes, certo? Para corrigir essa rota, é necessário olhar para si com honestidade e coerência, enquanto avalia sua expertise nas áreas estratégicas que um líder comercial precisa dominar.

O ponto de partida para a sua autoavaliação começa aqui e agora! Utilizando o mapa de autoavaliação sistêmica e a roda de competências, indique a frequência com a qual executa as habilidades indicadas, atribuindo para a ação uma das seguintes notas:

» 1: Nunca;
» 2: Raramente;
» 3: Às vezes;
» 4: Frequentemente;
» 5: Sempre.

Depois de atribuir nota às competências, você deve ligar os pontos. Ao terminar a leitura destas páginas, com base no resultado do mapa de autoavaliação sistêmica, apresentado a seguir, você terá insumos para definir onde vai alocar mais tempo, energia e recursos. No final deste livro, montaremos o seu plano de desenvolvimento, mas um passo de cada vez.

Antes de avançar na sua autoavaliação, é importante definir o que assumimos como "competência" no contexto corporativo. O conceito, relacionado àquilo que obrigatoriamente envolve a sigla CHA, foi proposto em 1996 por Scott B. Parry[2] no livro *The Quest for Competencies*:[3]

» **CONHECIMENTO:** Este é o primeiro passo para desenvolver uma competência – trata-se de estudar sobre aquilo em que o indivíduo precisa se aperfeiçoar. Envolve o conhecimento teórico obtido de livros, cursos, podcasts, formação acadêmica, treinamentos, imersões, workshops ou em qualquer outro formato. **Conhecimento é o saber.**

» **HABILIDADE:** A letra H da sigla diz respeito à habilidade que alguém tem de colocar o conhecimento obtido em prática. Trata-se da capacidade de realizar tarefas, traçar estratégias e solucionar problemas, acionando os conhecimentos que obteve. **A habilidade é o saber fazer.**

» **ATITUDE:** Além de nutrir um conhecimento teórico e saber aplicá-lo em um contexto real e pragmático, para alegar que uma pessoa detém certa competência, ela precisa ter proatividade para colocá-la em ação. Ou seja, não bastam conhecimento e habilidade em uma área se você não os aciona no momento que julgar necessário ou se espera uma ordem para isso. Quando se domina essas três esferas, dizemos que se tem uma competência no assunto em questão. **A atitude é o querer fazer.**

---

[2] FRANÇA, S. O que é CHA - Conhecimento, habilidades, atitude. **SLACoaching**, 10 out. 2017. Disponível em: https://www.slacoaching.com.br/artigos-do-presidente/conhecimento-habilidades-e-atitudes?cta=1. Acesso em: 18 jun. 2023.

[3] PARRY, S. B. The Quest for Competencies. **Training**, v. 33, Jul. 1996. Disponível em: https://eric.ed.gov/?id=EJ527012. Acesso em: 18 jun. 2023.

MAPA DE AUTOAVALIAÇÃO SISTÊMICA

O mapa de autoavaliação de liderança e gestão reúne as competências que um líder comercial precisa desenvolver para desempenhar a liderança e a gestão de maneira excepcional. Atribua notas de 1 a 5 nas áreas indicadas no mapa para vislumbrar os seus pontos fortes e fracos.

Primeiro, passaremos pela seção de **liderança**, na qual o mapa é composto das seguintes competências.

COMUNICAÇÃO

As habilidades de comunicação indicam a capacidade de o líder influenciar o time sem ser autoritário. Pessoas com alta habilidade em comunicação procuram proximidade com a equipe por meio de atividades frequentes, com tempo de qualidade e real interesse em satisfazer a necessidade de seus integrantes; conseguem comunicar temas diversos, desde uma promoção até o desligamento de alguém, com uma oratória impecável, sem ruídos na linguagem verbal e não verbal; têm capacidade de se automotivar e demonstrar entusiasmo frequentemente. Além disso, em conversas com liderados, fazem boas perguntas e ouvem o que os outros têm a dizer. Há facilidade em gerenciar as próprias emoções e as dos outros.

Trata-se da competência que reúne as habilidades de trabalho em equipe; oratória; entusiasmo; escuta ativa; e, não menos importante, inteligência emocional (assumo aqui o conceito criado por Daniel Goleman,[4] que entende a existência de quatro dimensões para se ter inteligência emocional: autoconsciência, autogerenciamento, consciência social e gerenciamento de relacionamentos).

DESENVOLVIMENTO DE PESSOAS

Para desenvolver pessoas, o líder também deve se desenvolver de modo contínuo. Ele precisa ser autodidata e buscar conteúdos atuais que sejam pertinentes e possam ser compartilhados com o time, principalmente aqueles relacionados a vendas e negociação, para capacitar seus liderados. O desenvolvimento de pessoas exige habilidades de um líder coach,

---

[4] GOLEMAN, D. Inteligência emocional: a teoria revolucionária que redefine o que é ser inteligente. Rio de Janeiro: Objetiva, 1996.

que aperfeiçoa indivíduos para o futuro. São profissionais que sabem a importância da delegação na jornada de seus liderados, e fazem isso com maestria. Além disso, conseguem criar uma cultura de feedback que permite a evolução contínua da equipe e de si mesmos por meio dos retornos que recebem dos liderados.

CONSTRUÇÃO DE TIME

Líderes com alta habilidade na construção de time sempre têm um onboarding bem definido e o playbook de vendas atualizado para receber novos colaboradores; comemoram pequenas conquistas na equipe; têm um programa de capacitação continuada para que o time se desenvolva frequentemente; aplicam simulação de vendas durante o processo de seleção na área; seguem roteiro de entrevistas para avaliar os candidatos e não selecionar ninguém sem terem certeza. Por fim, líderes com alta capacidade de construção de time sempre envolvem seus colaboradores no processo de seleção de novos talentos.

FLEXIBILIDADE

A flexibilidade é a quarta competência que um líder precisa dominar para levar o seu time a atingir o alto desempenho, e envolve o seguinte: dar direcionamento e autonomia para que a equipe seja criativa e inovadora; conseguir transitar entre diversos estilos de liderança de acordo com cada situação (desde o coercitivo, modelador, passando pelo coach, democrático, harmonioso, até o visionário); ter uma relação harmoniosa com seus liderados, mas, quando necessário, dar feedback difícil sem confundir a relação; ter um ótimo relacionamento com os líderes de outras áreas.

Em geral, líderes com alta habilidade em flexibilidade são chamados para solucionar conflitos, pois essa é a sua especialidade. Esta competência os faz se saírem bem diante de desafios e, ao não baterem a meta, os ajuda a entender como se sair melhor na próxima vez.

PARA DESENVOLVER PESSOAS, O LÍDER TAMBÉM DEVE SE DESENVOLVER DE MODO CONTÍNUO.

COMUNICAÇÃO

ATITUDE	FREQUÊNCIA
Consigo influenciar o time sem ser autoritário.	
Sempre busco ter proximidade com o time por meio de atividades frequentes, com tempo de qualidade e real interesse em satisfazer a necessidade da equipe.	
Consigo comunicar temas diversos, desde uma promoção até o desligamento de alguém, com uma oratória impecável, sem ruído na minha linguagem verbal e não verbal.	
Tenho a capacidade de me automotivar e demonstrar entusiasmo frequentemente.	
Em uma conversa com um liderado, procuro fazer boas perguntas e ouvir o que ele tem a dizer.	
Tenho muita facilidade em gerenciar as minhas emoções e as dos outros.	
TOTAL:	**MÉDIA:**

DESENVOLVIMENTO DE PESSOAS

ATITUDE	FREQUÊNCIA
Tenho facilidade em estudar, aplicar os conhecimentos adquiridos e ensinar outras pessoas.	
Aplico frequentemente sessões de coaching de vendas e coaching de carreira com meus liderados.	
Consigo tirar férias e vislumbrar minha futura promoção, não sou centralizador e sei que delegar é importante.	
Sou especialista em vendas e negociação, já li diversos livros, fiz cursos e atualmente ensino o que sei para outras pessoas.	
Se olhar minha agenda, verá um compromisso recorrente para pedir feedbacks aos meus liderados.	
Dou feebacks formais com frequência aos meus liderados, pois entendo a importância deles no desenvolvimento de cada um.	
TOTAL:	**MÉDIA:**

CONSTRUÇÃO DE TIME

ATITUDE	FREQUÊNCIA
Quando um novo vendedor é contratado, sempre tenho um onboarding bem definido e o playbook de vendas atualizado para recebê-lo.	
Sempre comemoramos pequenas conquistas na minha equipe.	
Temos um programa de capacitação continuada; meu time está sempre se desenvolvendo.	
Sempre aplico uma simulação de vendas durante o processo de seleção de vendedores.	
Sigo um roteiro de entrevistas para avaliar os candidatos e não seleciono ninguém sem ter certeza.	
Sempre envolvo meu time no processo de seleção de novos talentos.	
TOTAL:	MÉDIA:

FLEXIBILIDADE

ATITUDE	FREQUÊNCIA
Dou direcionamento e autonomia para que o time seja criativo e inovador.	
Consigo transitar entre diversos estilos de liderança de acordo com cada situação (desde o coercitivo, modelador, passando pelo coach, democrático, harmonioso, até o visionário).	
Tenho uma relação harmoniosa com o time, mas, quando necessário, consigo dar feedbacks difíceis sem confundir a relação.	
Tenho um ótimo relacionamento com os líderes de outras áreas.	
Em geral, me chamam para solucionar conflitos, pois essa é minha especialidade.	
Sempre saio melhor ao me deparar com desafios. Quando não bato a meta, procuro entender o que posso fazer melhor na próxima vez.	
TOTAL:	MÉDIA:

Agora, vamos para a seção de **gestão**, na qual o mapa é composto das seguintes competências. Assim como na tabela de liderança, atribua notas de 1 a 5, indicando a frequência com a qual você tem cada atitude.

MINDSET *DATA DRIVEN*

Capacidade de tomar decisões com base em dados e assumir riscos calculados. Pessoas que executam uma gestão *data driven* não se deixam levar pela pressão ou emoção, e analisam os cenários antes de decidir. Sempre fazem uma relação entre o contexto humano e o reflexo disso nos números.

HABILIDADE *CROSS AREA*

Esta habilidade está relacionada à capacidade de levantar informações relevantes e contribuir para o desenvolvimento de áreas correlatas. Gestores com habilidade *cross area* são capazes de fornecer insights e gerar impacto positivo em outras áreas, sempre avaliando os resultados de tais ações. Deter esta competência é importante para se ter um olhar abrangente sobre a operação e entender como as suas ações e as de terceiros podem fazer a diferença em todas as áreas na companhia.

RESOLUÇÃO DE PROBLEMAS

Ser um gestor com alta capacidade de solucionar problemas significa conseguir avaliar os conflitos na raiz de sua causa. Pessoas com alta proeminência de resolução de problemas utilizam técnicas e linhas de pensamento para buscar a real razão das questões e direcionar ações em respostas efetivas. Desse modo, são capazes de agir para mitigar ou eliminar o problema em si, e não apenas os ruídos e as consequências deles.

PLANEJAMENTO E EXECUÇÃO

Gestores devem conseguir planejar as iniciativas com base em resultados e dados, além de tirar do papel essas estratégias e mensurá-las. Trata-se da capacidade de organizar iniciativas e ações em prol de um resultado superior. Quanto maior o domínio em planejamento e execução, maior a capacidade de usar técnicas de gestão de trabalho, priorização e racionalização de maneira pragmática visando à organização e aos resultados de cada ação.

MINDSET *DATA DRIVEN*

ATITUDE	FREQUÊNCIA
Reúno dados, fatos e faço análises para fundamentar minhas decisões.	
Assumo riscos calculados.	
Não me deixo levar pela pressão ou emoção, analiso os cenários antes de decidir.	
Sempre faço uma relação entre o contexto humano e o reflexo disso nos números.	
Ao analisar um relatório, busco padrões de comportamento e tendências.	
Sempre priorizo tarefas e iniciativas com base em um racional.	
TOTAL:	MÉDIA:

HABILIDADE *CROSS AREA*

ATITUDE	FREQUÊNCIA
Levanto informações relevantes e contribuo para o desenvolvimento de áreas correlatas.	
Gero insights e impacto positivo em outras áreas.	
Avalio o impacto das ações da minha área em outros setores.	
Busco desenvolver habilidades relacionadas às áreas complementares à minha.	
Busco a combinação de habilidades de diferentes áreas para as minhas atividades.	
Desenvolvo e influencio a criação de uma cultura de feedbacks (dar e receber) entre equipes.	
TOTAL:	MÉDIA:

RESOLUÇÃO DE PROBLEMAS

ATITUDE	FREQUÊNCIA
Avalio os problemas na causa raiz.	
Identifico áreas que precisam de melhorias e problemas que precisam ser resolvidos.	
Antecipo soluções para problemas que ainda não existem.	
Desenvolvo rapidamente um bom planejamento antes de agir.	
Assimilo rapidamente novas ideias, técnicas e insights.	
Sou orientado a resultado.	
TOTAL:	MÉDIA:

PLANEJAMENTO E EXECUÇÃO

ATITUDE	FREQUÊNCIA
Tenho capacidade de organizar iniciativas e ações em prol de um resultado superior.	
Utilizo técnicas de gestão de trabalho e de priorização e racionalizo de maneira pragmática a organização e os resultados de cada ação.	
Tomo ações rápidas, executo as tarefas com excelente qualidade.	
Cumpro prazos, comunico os obstáculos com antecedência, encontro alternativas para remover problemas e gerencio bem o tempo.	
Ao falhar na execução, reconheço meu erro e aprendo com ele. Não cometo o mesmo erro duas vezes.	
Estabeleço metas para cumprir prazos, sabendo priorizar tarefas de acordo com o objetivo pretendido.	
TOTAL:	MÉDIA:

Agora sinalize o número referente à média de cada competência e ligue os pontos para visualizar onde estão suas maiores necessidade de desenvolvimento.

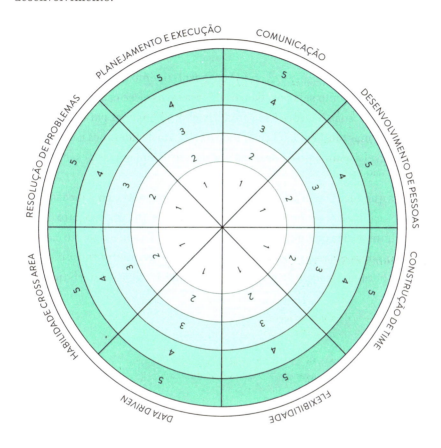

INTERPRETANDO O SEU RESULTADO

Esta é uma análise que deve ser feita individualmente. Agora que você atribuiu o nível de frequência com relação às competências necessárias para ser um gestor e um líder de alta performance, e que pode visualizar os seus *gaps*, está apto a conhecer as habilidades que devem fazer parte da sua trilha de formação em gestão e liderança.

Os pontos obtidos no seu mapa de autoavaliação sistêmica deverão ser somados e você poderá visualizar, com base no indicador a seguir, o seu nível de maturidade na área de liderança.

- » **ENTRE 48 E 96 PONTOS: NÍVEL 1** – É comum em líderes que acabaram de assumir a liderança de uma equipe. Esses profissionais ainda estão buscando entender suas atribuições, rotinas e seu papel nessa nova posição.
- » **ENTRE 97 E 191: NÍVEL 2** – O trabalho é efetivamente feito, a moral com a equipe melhora, objetivos são alcançados e problemas difíceis são resolvidos.
- » **ENTRE 192 E 240: NÍVEL 3** – O desenvolvimento de pessoas assegura que o crescimento seja possível, os líderes tornam-se capazes de utilizar sua posição, suas relações e sua produtividade não apenas para desenvolver pessoas, mas também para criar todo um legado de liderança e influência. Esse nível é composto de pessoas que desenvolvem outras pessoas.

Agora que você já tem a sua autoavaliação, vamos continuar a jornada. Nos próximos capítulos, você encontrará os insumos de que precisa para desenvolver algumas das competências que compuseram o seu mapa. No capítulo 18, você poderá criar o próprio Plano de Desenvolvimento Individual, de maneira personalizada e alinhada aos seus objetivos e características.

SER UM GESTOR COM ALTA CAPACIDADE DE SOLUCIONAR PROBLEMAS SIGNIFICA CONSEGUIR AVALIAR OS CONFLITOS NA RAIZ DE SUA CAUSA.

4.
A MISSÃO DO LÍDER

"Sua missão é desenvolver pessoas para gerar resultados."

CAMELY RABELO

No fim das contas, todos os líderes estão lidando com pessoas. O mundo muda, as necessidades mudam e esse cenário dinâmico em que vivemos também precisa ser adaptado.

Embora ainda haja líderes que tentem motivar suas equipes como se vivêssemos na Revolução Industrial, com a influência da cenoura e do chicote – ou seja, buscando estimular seus liderados com base na recompensa (a cenoura: o salário, o bônus, a promessa de carreira) e "ameaçá-los" pelo chicote (como o medo da demissão, não ser promovido etc.) –, sabemos que esse estilo de liderança não perdura, especialmente entre as gerações mais novas.

Em um passado não muito distante, o cenário corporativo era muito diferente da realidade de hoje. Era valorizado, e até mesmo símbolo de status, "fazer carreira" em uma empresa; passar vinte, trinta, quarenta anos na mesma organização, em um movimento linear, ascendendo a posições. Isso denotava compromisso, disciplina e sucesso dos colaboradores, que eram movidos principalmente pela estabilidade financeira que podiam proporcionar a si e suas famílias.

Entretanto, boa parte dos millennials (que nasceram entre 1981 e 1995) e da geração Z (entre 1996 e 2010) chegou ao mercado com outro estilo de vida, minando toda a noção de sucesso que seus pais e avós nutriam. Há, agora, outras prioridades, outros tipos de gasto, outro estilo de vida e outras demandas. Passar a vida em uma mesma empresa não quer dizer muita coisa. As exigências das novas gerações que chegam ao mercado de trabalho são voltadas a fatores como modelo de trabalho flexível e igualitário; valores e propósitos alinhados com os da companhia; cultura de inovação; possibilidade de crescimento profissional com um plano de cargos, salários e carreira estruturados; e equilíbrio entre vida pessoal e profissional. Estas são as principais características almejadas por essa fatia da população no mundo profissional.

No Brasil, os millennials representam a maior parte dos brasileiros: são 34% da população total e 50% da força de trabalho. O número é crescente, e não calibrar a sua liderança à maneira como essa geração enxerga o mundo e as relações dela com o trabalho poderá minar a sua capacidade de reter talentos.

De acordo com uma pesquisa realizada pela Nielsen Global, enquanto os millennials estão preocupados em ter uma vida mais saudável e mais tempo com a família, a geração Z está muito obstinada em ganhar dinheiro e ter uma carreira gratificante. A internet se tornou solo fértil para isso – não é difícil encontrar pessoas na casa dos 20 anos que se tornaram milionárias do mundo digital.

Gorick Ng, consultor de carreira de Harvard, entrevistou centenas de jovens ao redor do mundo buscando entender a percepção de sucesso profissional e os objetivos da geração Z, a mais recente a ingressar no mercado de trabalho e que foi impactada pela pandemia no início da carreira. O autor do best-seller *The Unspoken Rules* identificou que menos de 2% dos entrevistados têm como objetivo subir de posição em seus empregos. Isso revela algumas hipóteses: o fato de permanecer décadas na mesma empresa já não é um fator tão atrativo, e a possibilidade de passar a vida em ambiente corporativo não é um objetivo dessa nova leva de trabalhadores. Não se trata, no entanto, de simplesmente ser avesso à posição de liderança, mas de valorizarem posições em que possam explorar o potencial da própria criatividade e estarem alinhados ao propósito e à cultura de onde trabalham.

5 GIL, M. A. Millennials já são maioria da população do país e 50% da força de trabalho. Época Negócios, 24 set. 2019. Disponível em: https://epocanegocios.globo.com/Empresa/noticia/2019/09/millennials-ja-sao-maioria-da-populacao-do-pais-e-70-da-forca-de-trabalho.html. Acesso em: 8 ago. 2023.

6 GERAÇÃO global: estilos de vida. Nielsen, nov. 2015. Disponível em: https://edisciplinas.usp.br/pluginfile.php/2108318/mod_folder/content/0/Gera%C3%A7%C3%A3o%20Global%20Estilos%20de%20Vida%20-%20Nielsen.pdf?forcedownload=1. Acesso em: 18 jun. 2023.

7 Divulgada no livro *The Unspoken Rules*.

8 NG, G. *The Unspoken Rules*: Secrets to Starting Your Career Off Right. Boston: Harvard Business Review, 2021.

O MUNDO MUDA, AS NECESSIDADES MUDAM E ESSE CENÁRIO DINÂMICO EM QUE VIVEMOS TAMBÉM PRECISA SER ADAPTADO.

Acontece que a geração Z tem um padrão de comportamento que pode ser, no mínimo, desafiador aos líderes: é a geração que mais muda de emprego. O fenômeno conhecido como *job hopping* mostra como é frequente (não apenas no Brasil) os jovens trabalhadores circularem livremente de empresa em empresa.[9] A estimativa é que os profissionais que pertencem à geração Z ficam, em média, dois anos no mesmo emprego. Essa alta rotatividade de empresas se deve, em especial, a fatores como expectativas frustradas e necessidade de reconhecimento imediato. Se isso está acontecendo com frequência, e se é um padrão que parece não dar sinais de que será rompido, cabe aos líderes entenderem o que podem fazer para seus liderados quebrarem esse ciclo. A primeira ação a ser tomada mantendo esse cenário em vista é alinhar as expectativas com muita clareza e transparência ainda na contratação. Ser um líder coach capaz de desenvolver seus liderados e ter empatia também são fatores que estimularão os liderados a permanecerem na empresa, uma vez que passam a se sentir em desenvolvimento sob a liderança.

A onda de *quiet quitting*,[10] que surgiu no cenário pós-pandêmico e que leva pessoas a trabalharem "proporcionalmente ao seu salário" e "nada além disso", é um possível reflexo de como as mudanças corporativas e comportamentais – em especial, as que ocorreram durante a pandemia – impactam a produtividade e a noção de responsabilidade atrelada à perspectiva monetária. No entanto, em seu livro, Gorick entende que, ao passo que alguns vivem esse estilo de vida em seus trabalhos, há o movimento inverso: o *quietly hustling*,[11] ou seja, aqueles que batalham de modo silencioso e demonstram mais compromisso do que seus pares. Possivelmente, esses serão escolhidos em movimentos de ascensão na empresa. Há alguns anos o líder precisava fazer pouco esforço para manter seus liderados na organização, mas a retenção de talentos, hoje em dia, exige muito mais esforço e adaptação por parte das lideranças.

---

9 BEZERRA, S. Pular de emprego para emprego: entenda o novo movimento job hopping da Geração Z. StartSe, 24 nov. 2022. Disponível em: https://www.startse.com/artigos/o-que-e-job-hopping-pular-de-emprego-em-emprego/. Acesso em: 18 jun. 2023.

10 QUIET quitting: fenômeno é tendência mundial e desafia líderes do futuro. Exame, 27 set. 2022. Disponível em: https://exame.com/bussola/quiet-quitting-fenomeno-e-tendencia-mundial-e-desafia-lideres-do-futuro/. Acesso em: 18 jun. 2023.

11 NG, G., *op. cit.*

PAPEL DO LÍDER DIANTE DA EMPRESA E DOS LIDERADOS

É importante assumir que o líder tem duas figuras essenciais: uma diante da empresa e outra perante seus liderados. Para a empresa, o seu papel é de gestor. Em frente ao CEO, a C-levels e seus pares, é preciso definir metas, desenhar processos, apresentar planejamento estratégico e *forecast* (previsão de resultados). Na prática, para a empresa, o líder deve ser gestor.

Entretanto, a atuação dessa mesma pessoa diante dos colaboradores que lidera deve ser revestida pelo papel de líder – aquele que vai filtrar o que é tratado com seus superiores e desdobrar como for necessário para atingir os números esperados, preocupando-se em treinar, desenvolver, contratar e o que precisar fazer para chegar aos objetivos estabelecidos. É importante para os colaboradores ter um líder que saiba fazer gestão? Sim. No entanto, não é a principal demanda que eles exigem no dia a dia. O que mais precisam do líder é um ser humano que engaja, motiva, treina, dá feedback, é coach de carreira e os ajuda a chegar a um estado desejado que nunca alcançariam sem essa liderança.

Uma pesquisa feita pela Gartner[12] (uma das principais empresas mundiais especializadas em pesquisa e consultoria em tecnologia da informação) em 2021, com 4.787 colaboradores globais, avaliando a evolução do papel da gerência, apontou que apenas 47% dos líderes estão preparados para essa função, levando em consideração o cenário corporativo atual. As lideranças mais eficazes do futuro serão aquelas capazes de construir relacionamentos diferentes com seus liderados.

Nesse cenário, é impossível não fazer alusão a um termo muito utilizado nos últimos anos: a empatia. Esse é um conceito comum na filosofia da boa liderança, mas ainda precisa ser uma prioridade da alta gestão. O líder empático se apresenta como alguém capaz de contextualizar o desempenho e o comportamento daqueles que estão abaixo dele. Isso vai muito além de analisar os fatos como são; vai ao encontro de gerir ao fazer perguntas proativamente e buscar informações para se colocar no contexto de seus liderados e entender as

---

[12] GARTNER HR Research Reveals Connector Managers Are Key to Driving Sustainable Performance in Today's New Work Environment. **Gartner**, 16 set. 2021. Disponível em: https://www.gartner.com/en/newsroom/press-releases/2021-09-15-gartner-hr-reveals-connector-managers-are-key-to-driving-sustainable-perfomance-in-todays-new-work-environment. Acesso em: 18 jun. 2023.

motivações deles. A fim de desenvolver a empatia corporativa, é preciso desenvolver também confiança e uma cultura de aceitação – o que caminha lado a lado de fazer perguntas e estimular que seus liderados as respondam sem medo de parecerem vulneráveis ou de comprometer a confiança estabelecida.

O perfil empático permite diagnosticar a causa raiz de determinados comportamentos sem fazer suposições, o que, por sua vez, requer inteligência emocional para se colocar nos sapatos do liderado e saber o que fazer com base no que foi apresentado por ele. A pesquisa supramencionada traz outro dado que não deve ser negligenciado: 85% dos líderes de RH em empresas de médio porte concordaram que, hoje em dia, é mais importante demonstrar empatia do que era antes da pandemia. O reflexo disso não atinge apenas a vida dos liderados, mas também a receita da organização: altos níveis de empatia têm três vezes mais impacto no desempenho de colaboradores. Performando melhor, os colaboradores produzem mais e se sentem mais satisfeitos, o que, obviamente, reflete-se na receita da empresa.

Ter um senso de propósito no trabalho, assim como na vida, é importante para manter a resiliência e o foco nos objetivos. Encontrar a felicidade no que se faz é o real significado da missão. Ser motivado não apenas por dinheiro decerto trará mais realização ao acordar.

Se você perguntar a um líder qual é o papel dele, a possível resposta será: entregar resultados. No entanto, se você o questionar sobre sua missão, se ele estiver vivendo o seu propósito efetivamente, é provável que responderá algo como: desenvolver pessoas para que elas vivam todo o seu potencial e estejam aptas para alcançar metas desafiadoras, superando suas limitações e atingindo tudo o que sua competência é capaz de proporcionar.

ENCONTRAR A FELICIDADE NO QUE SE FAZ É O REAL SIGNIFICADO DA MISSÃO. SER MOTIVADO NÃO APENAS POR DINHEIRO.

5.
O LÍDER DE ALTA PERFORMANCE É UM ATLETA CORPORATIVO

"Você não é uma máquina que deve focar somente a gestão do tempo; um líder de alta performance foca a gestão de energia."

CAMELY RABELO

Se eu lhe perguntasse o que Michael Jordan e Bill Gates têm em comum, você saberia me dar uma resposta que ultrapassasse características como fama, reconhecimento e dinheiro, ou o fato de serem personalidades contemporâneas? O termo **atleta corporativo** mostra que os dois mundos – o esporte e a gestão empresarial – possuem muitos pontos de contato.

Vamos partir do princípio de que, nos dois universos, para se sobressair é necessário sempre se aperfeiçoar e buscar evolução em todas as frentes. No basquete, não basta ter muita velocidade se o atleta não é capaz de dar bons passes e fazer arremessos precisos; igualmente, no mundo empresarial, não basta ser uma pessoa analítica se não é capaz de traçar estratégias, engajar o time e manter a régua dos resultados sempre alta. Não é preciso ir longe para fazer uma correlação mais estreita entre esses dois mundos: as quadras e os estádios são como as mesas de home office e os escritórios; os campeonatos também estão no nosso dia a dia disfarçados de metas, OKRs (*objectives and key results* ou objetivos e resultados-chave), estratégias a serem elaboradas e relatórios – tudo isso, muito provavelmente, em prazos apertados e longas jornadas de trabalho, exigindo alto desempenho dos profissionais, ou, ao menos, daqueles que buscam ter uma liderança de alta performance. Para ser bem-sucedido, na quadra ou no escritório, é necessário ter um alto nível de energia.

Se você deseja virar um atleta corporativo, vamos deixar uma coisa clara: mais importante do que gerenciar seu tempo, é preciso gerenciar a energia que gasta. Essa mudança trará resultados muito mais frutíferos no dia a dia de trabalho do que dedicar apenas tempo a projetos, como se os colaboradores fossem máquinas. Acredito que até aqui já esteja claro que o líder de alta performance não enxerga outros seres humanos – e nem a si mesmo – como máquinas. Elas operam em condições adequadas, têm sempre a mesma disponibilidade, produzem constantemente no mesmo ritmo e entregam sempre o mesmo resultado. Pessoas não funcionam assim: a disposição, o nível de energia e a produtividade oscilam todos os dias, pois o estilo de vida e os fatores do ambiente impactam na maneira como elas se sentem, reagem e, claro, trabalham.

Alguns fatores que influenciam no desempenho profissional são horas de sono, qualidade da alimentação e disponibilidade para praticar exercícios físicos. Ter uma vida saudável impacta de modo positivo na produção hormonal, o que reflete diretamente em uma vida produtiva e energética. Assim, vive-se com vigor e determinação.

Por isso, é importante entender que agir como um atleta corporativo e gerenciar a energia pode ser a virada de chave de que um líder precisa para sair do ordinário e começar a entregar o excepcional. A ideia de "trabalhe enquanto eles dormem" não se aplica aqui. Quando a gestão energética é feita de maneira produtiva, você entrega o que precisa em horário hábil, sem recorrer a horas extras que atrapalham o estilo de vida saudável. Mas como fazer essa gestão?

GERENCIANDO A ENERGIA, E NÃO O TEMPO

A gestão de energia é um conceito desenvolvido por Tony Schwartz, importante jornalista e autor, e por James Loehr, psicólogo e autor, na obra *The Power of Full Engagement*.[13] De acordo com o livro, para atingir a alta performance e tornar-se um atleta corporativo, é necessário que quatro pilares sejam contemplados: físico, emocional, mental e espiritual. Ser um líder de operação comercial requer não apenas conhecer esses pilares, mas convertê-los em ações para si e estimular seus liderados a fazerem o mesmo. Afinal, a alta performance exigida deve ser entregue por todos, do líder ao liderado. Portanto, quando penso na definição de um líder de alta performance, acredito que é a pessoa capaz de converter os quatro pilares em ação e estimular seus liderados a fazerem o mesmo.

---

13 LOEHR, J.; SCHWARTZ, T. *The Power of Full Engagement: Managing Energy, Not Time, Is the Key to High Performance and Personal Renewal*. Melbourne: Allen & Unwin, 2003.

De acordo com a dinâmica do envolvimento total,[14] se o profissional tem alta energia e vontade de agir, mas a canaliza negativamente, isso resultará em estresse, ansiedade, defesas não necessárias e comportamento reativo. Em contrapartida, se ele trabalha para que a própria energia seja positiva, será uma pessoa confiante, alegre, conectada e estimulada. E aqui é importante dizer que ser altamente enérgico não é tudo. Se não alinhar essa força à saúde mental, à estabilidade emocional e espiritual, é provável que tal energia torne o indivíduo alguém que costuma fazer escolhas precipitadas e desgastantes.

A dinâmica da energia, apresentada no livro *The Power of Full Engagement* e reproduzida a seguir, explicita os possíveis resultados da má gestão energética no dia a dia. Analise com atenção a diferença entre cada quadrante; na sequência, vamos falar sobre cada um dos pilares que formam tal ferramenta.

A DINÂMICA DA ENERGIA	NEGATIVO	POSITIVO
ALTO	Raivoso Temeroso Ansioso Defensivo Ressentido	Cheio de vida Confiante Estimulado Alegre Conectado
BAIXO	Deprimido Exausto Acabado Sem esperança Derrotado	Relaxado Suave Pacífico Tranquilo Sereno

APLICANDO OS QUATRO PILARES PARA A ALTA PERFORMANCE

Um líder nunca levará um time a ter um bom desempenho se ele próprio não performar bem. Na liderança não existe o "faça o que eu digo, e não o que eu faço". Quando os quatro pilares estão alinhados e bem gerenciados, o indivíduo

---

14 Idem.

consegue unir as duas esferas – produtividade no trabalho e qualidade de vida –, trazendo mais satisfação para ambas as áreas.

No entanto, quando você gerencia apenas seu tempo, mas não sua energia, pode entregar resultados ótimos, porém se sentirá sempre cansado e sobrecarregado física e mentalmente. Isso acontece porque o tempo é um recurso cíclico, autônomo e independente; a nossa energia, por sua vez, depende de fatores responsáveis por abastecê-la, sobretudo nosso **corpo**, nossas **emoções**, nossa **mente** e o nosso **espírito**. Está tudo conectado.

A princípio, esses pilares podem parecer abstratos, contudo um bom líder aprende a cuidar dessas quatro esferas de modo intencional e prioritário.

FÍSICO

O desempenho físico é tão importante para a alta performance em gestão quanto o desempenho intelectual; afinal, para bater metas é preciso estar vivo. Colocar isso em prática inclui fazer um esporte que traga prazer, incluir lembretes para agendar médicos regularmente e ter uma alimentação saudável. É essencial, também, definir um padrão consistente para executar tais medidas com regularidade e garantir que seu corpo esteja nas melhores condições possíveis para enfrentar um dia a dia energético de trabalho e dedicação. Assim como não devemos negligenciar nossa saúde, a qualidade do nosso sono merece igual atenção. Ter um sono revigorador é crítico para amanhecer com disposição para enfrentar os desafios diários.

Uma forma de acompanhar o tempo e a qualidade das horas dormidas é fazer uso de aplicativos de celular próprios para essa finalidade. Os adultos precisam, em média, de 7 a 9 horas de sono por noite. Embora haja pessoas que acreditem que seja possível "recuperar" o sono perdido durante o fim de semana, isso nem sempre é uma solução plausível.[15]

Algumas formas de garantir a qualidade do sono incluem: definir um horário regular para dormir e acordar, pois isso ajudará a "programar" seu corpo para desenvolver esse padrão; exercitar-se diariamente por pelo menos trinta minutos (mas não muito perto do horário de deitar); evitar cafeína e nicotina no fim do dia; encontrar formas de relaxar antes de dormir (banho

---

15 BRAIN Basics: Understanding Sleep. **National Institute of Neurological Disorders and Stroke**, s.d. Disponível em: https://www.ninds.nih.gov/health-information/public-education/brain-basics/brain-basics-understanding-sleep. Acesso em: 19 jun. 2023.

quente, leitura ou outra rotina relaxante); não se deitar se ainda estiver desperto (você pode ler ou ouvir meditação guiada, até se perceber cansado); e, por último, mas não menos importante, consultar um médico se tiver problemas para adormecer ou sentir um cansaço incomum durante o dia.

Dicas para cuidar do pilar físico na sua operação comercial:
» Forme uma comunidade que compartilha hábitos saudáveis;
» Crie gamificações para os que completam um desafio (seja um mês completo de musculação, a frequência predefinida em um esporte ou outra meta estabelecida) para fomentar a importância de cuidar da saúde;
» Vá ao médico regularmente e estimule seu time a fazer o mesmo;
» Se você estiver trabalhando no escritório ou em formato híbrido, troque bebidas e petiscos calóricos por opções saudáveis;
» Implemente pausas para que as pessoas entendam que precisam de alguns momentos de descanso ao longo do dia.

EMOCIONAL

Ser capaz de lidar bem com fatores que envolvem o lado emocional do líder também define a sua performance. Em alguns momentos, você certamente será exposto a situações estressantes, conflitos e desconfortos que podem deixar a rotina pesada. Sem trabalhar o aspecto emocional, as respostas a essas situações podem ser as piores possíveis e, muitas vezes, desproporcionais, resultando em coerção, agressividade verbal, ausência de escuta ativa, falta de empatia, entre tantas outras possibilidades. Tratar o lado emocional envolve trabalhar seus desconfortos, traumas e inseguranças, para que você seja capaz de ressignificá-los e não permitir que afetem o seu desempenho e a sua qualidade de vida.

Além dos consultórios clínicos e da importância do tratamento terapêutico, é possível trabalhar e desenvolver o aspecto emocional ao aperfeiçoar a sua inteligência emocional, que, por sua vez, envolve a capacidade de reconhecer e avaliar seus sentimentos e, com base neles, agir com inteligência e de maneira proporcional diante de cada situação.

Com o lado emocional trabalhado e a saúde mental em dia, o líder conseguirá desenvolver com mais facilidade a **antifragilidade**, uma competência do futuro. Nassim Nicholas Taleb, autor, estatístico e analista de risco foi quem cunhou o termo "antifrágil" e o apresentou ao mundo no livro homônimo.[16] A pessoa antifrágil é capaz de desenvolver-se mesmo em ambientes desfavoráveis, consegue prosperar onde há instabilidade, desordem e estresse e, portanto, dá frutos mesmo que esteja submersa à volatilidade. Não se trata de ser resiliente; enquanto a resiliência diz respeito à capacidade de alguém voltar à sua condição inicial mesmo em situações desfavoráveis, a antifragilidade entende que o indivíduo prospera, ou seja, evolui, mesmo nos cenários mais incertos, beneficiando-se dos choques e dos riscos e entendendo que atravessá-los, na verdade, é uma oportunidade para se tornar mais forte.

É importante, porém, levantar outro ponto: não se trata de romantizar uma vida imersa no caos, mas, sim, de prosperar apesar dele. O profissional antifrágil cresce ainda que em meio às incertezas, não teme instabilidades e períodos difíceis, afeta-se na dose certa e desenvolve a criatividade mais facilmente no solo das incertezas. Deixar que a aleatoriedade aconteça, experimentar pequenos riscos e saber quais deles evitar, além de manter a mente aberta a soluções criativas são formas de desenvolver a antifragilidade.

Dica: algumas ferramentas úteis e acessíveis para desenvolver o pilar emocional que podem fazer parte da sua rotina incluem aplicativos de celular para meditação guiada e diário de bordo. Os primeiros o ajudarão a relaxar e adormecer melhor à noite e a equilibrar o nível de energia durante o dia; já o segundo, que funciona como um verdadeiro diário, é uma boa forma de rastrear o que você fez, como se sentiu e quais situações o deixaram feliz ou desconfortável. Assim, você poderá refletir e avaliar o que foi positivo e o que precisa mudar para ter maior equilíbrio emocional.

Dicas para cuidar do pilar emocional na sua operação comercial:
- Realize 1:1 (one-on-one) regularmente com os liderados e aproveite para saber como está a vida pessoal deles;
- Construa uma cultura de trabalho em equipe para que sintam que estão entre pessoas nas quais podem confiar;
- Se possível, disponibilize sessões de terapia como benefício.

MENTAL

O aspecto mental está relacionado à capacidade de se manter focado, concentrado e ser capaz de se desenvolver em qualquer área, em termos cognitivos. Pessoas que não buscam desenvolver a estabilidade mental tendem a ter dificuldade em encontrar soluções e veem seus níveis de criatividade diminuírem, assim como a concentração. O resultado é uma força de trabalho menor, com menos empenho, assertividade e qualidade.

O pilar físico está relacionado ao mental, pois ter uma boa alimentação, cuidar da qualidade de sono e praticar exercícios com frequência são ações que ajudam a manter a saúde cerebral e as atividades cognitivas em bons níveis. Além disso, algumas práticas simples podem ser implementadas nesse campo para desenvolvê-lo. Costumo sugerir reservar um horário para organizar a agenda pessoal e profissional, distribuindo as tarefas que precisa fazer na semana, considerando aquelas que requerem mais energia para serem executadas e diluindo-as durante os dias. Isso evita que você fique sobrecarregado de afazeres "densos" e cria um equilíbrio e padrão na rotina de trabalho. Recomendo, ainda, passar para o "papel" aquilo que precisa realizar – pode ser em agendas, papel sulfite, planilhas ou qualquer outro suporte. Transformar tarefas (você com você) em compromissos (você com alguém) para que saiba em qual atividade deve focar em cada bloco de horário é uma possível maneira de se organizar. Reserve um momento específico para responder a e-mails e mensagens de aplicativos, e não se esqueça de alinhar com o seu time quais questões urgentes devem ser tratadas por telefone, enquanto as importantes podem ser abordadas em outros canais.

Indico também a técnica pomodoro, que inclui o "agendamento" de pequenos intervalos durante longos períodos, a fim de renovar o foco e voltar a se concentrar em um trabalho. Trata-se de uma abordagem desenvolvida no final dos anos 1980 pelo italiano Francesco Cirillo, com o objetivo de aumentar a própria produtividade nos estudos durante os primeiros anos de universidade. Hoje em dia, há programas e sites que ajudam a controlar o tempo de foco, por meio dos quais é possível acompanhar com mais precisão o que foi concluído e medir a produtividade. Algumas sugestões são Plantie, Focus-To-Do, Pomodoro e Focus Keeper. Os mais analíticos podem identificar padrões, como horários de maior produtividade, melhores momentos para o ócio, quando realizar tarefas que exigem maior concentração, entre outros aspectos.

Por último, mas não menos importante, dê atenção ao desenvolvimento contínuo (seu e de seu time), uma vez que, além de contribuir para o pilar mental, isso vai resultar em mais expertise na operação. Estudar temas relacionados, direta ou indiretamente, com o que você ama fazer agregará muito ao seu repertório – mas tenha em mente o que aplicar ao seu contexto e como o conhecimento que está absorvendo pode ser útil na sua operação. E não deixe de praticar o ócio criativo. Diversas pessoas se culpam quando não estão produzindo, mas esquecem que, para ter foco e criatividade, o descanso é fundamental. Domenico De Masi,[17] sociólogo italiano responsável por cunhar o termo, é autor de uma célebre frase:

"Existe um ócio alienante, que nos faz sentir vazios e inúteis. Mas existe também outro ócio, que nos faz sentir livres e é necessário à produção de ideias, assim como as ideias são necessárias ao desenvolvimento da sociedade."[18]

Dicas para cuidar do pilar mental na sua operação comercial:
» Ensine aos liderados tudo o que você sabe e aprende sobre produtividade, foco e disciplina;
» Crie uma rotina de ouvir podcasts e compartilhe as novas ideias com o time;
» Leia um capítulo de um livro com determinada frequência e coloque algo que aprendeu com a leitura em prática;
» Aplique o coaching de carreira em seus liderados;
» Crie um programa de capacitação continuada para desenvolver as competências necessárias na equipe.

ESPIRITUAL

Talvez você tenha olhado torto para esta seção ou esteja pensando que eu vou tentar convertê-lo a alguma crença, religião ou seita. Mas fique tranquilo. O pilar espiritual está relacionado ao senso de propósito que você tem em relação ao mundo e, neste contexto, ao seu trabalho e a tudo que o motiva. Dentro do conceito de envolvimento total (ou *full engagement*), a energia espiritual tem um conjunto de valores e um propósito além do nosso interesse. É a bússola de nossa vida e a responsável por nossas ações mais significativas.

17 DE MASI, D. *O ócio criativo*. São Paulo: Sextante, 2004.
18 *Idem*.

Uma das principais formas de um líder desenvolver o pilar espiritual é buscar empresas que estejam conectadas com seus valores e propósito. Isso pode não ser óbvio no início, mas, a longo prazo, trabalhar em companhias cujos valores e objetivos são similares aos seus é muito mais prazeroso e frutífero do que se manter em organizações com cultura e valores dos quais você não compartilha. No fim das contas, saber que está contribuindo para um trabalho significativo traz motivação para continuar a dar sempre o melhor de si, vivendo com propósito.

Investir em um processo de coaching de carreira para entender se está no caminho certo, ou se a liderança comercial é uma etapa para alcançar outra missão, deveria ser um requisito para todos os profissionais que assumem a liderança. Muitos chegam a essa posição como um caminho natural dentro de uma empresa, sem sequer notarem se o trilharam deliberadamente. Quando passam a liderar, percebem que aquela realidade não faz sentido ou não está alinhada ao futuro profissional que esperam. Um coach de carreira ajuda a traçar planos eficazes para atingir seus objetivos, caminhando junto ao seu propósito e àquilo que você precisa fazer para chegar ao estágio que almeja.

Dicas para cuidar do pilar espiritual na sua operação comercial:
» Conecte o propósito da empresa ao time (por exemplo: apresente vídeos de depoimento das pessoas que vocês impactaram e/ou ajudaram);
» Contrate profissionais alinhados com os valores da companhia e apaixonados por vendas;
» Incentive sua equipe a rastrear e identificar aspirações e projetos profissionais a longo prazo, para identificar o quanto estão alinhados ao cargo em que atuam.

AINDA SOBRE PROPÓSITO: IKIGAI

Aprender um conceito japonês mudou minha percepção sobre a vida e o trabalho, e me permitiu alinhar o pilar espiritual com muita clareza. Trata-se do termo Ikigai, palavra japonesa cuja definição é "força motriz para viver" e que remonta ao período Heian (entre 794 e 1185).[19] Sua origem é Okinawa,

---
19. É possível obter mais informações a respeito do conceito de Ikigai no livro: GARCIA, H.; MIRALLES, F. Ikigai: The Japanese Secret to a Long and Happy Life. Nova York: Penguin Life, 2017.

uma ilha japonesa ao sul do continente que tem a maior proporção de pessoas com mais de 100 anos no mundo. Ikigai desempenha um papel importante na cultura do local e se refere à união de quatros esferas que, quando em harmonia, revelam o propósito de vida de cada indivíduo.

Dizemos que alguém está alinhado ao seu Ikigai quando: **faz o que ama fazer**; **é bom em fazer**; **é remunerado por isso**; e **gera impacto positivo no mundo fazendo**. De acordo com a filosofia japonesa, todas as pessoas podem encontrar o seu Ikigai. Não há um equivalente direto no mundo ocidental para esse conceito, mas podemos chegar a uma interpretação própria. Derivado de *iki* (que quer dizer "vivo" ou "vida") e *gai* (que significa "benefício" ou "valor"), Ikigai foi concebido como uma forma de ajudar os indivíduos a alcançarem a realização, encontrando seu propósito e razão de ser na vida.

Os líderes podem aplicar os princípios do conceito de Ikigai em uma escala muito maior para beneficiar as operações que dirigem, identificando o ponto ideal em que paixões e talentos convergem com aquilo de que o mercado precisa e pelo qual está disposto a pagar.

Ao finalizar este capítulo, reflita sobre seu estado atual e o que pode começar a fazer para se tornar um líder de alta performance e exemplo aos seus liderados. Quando o líder está em equilíbrio, passa isso para o time e, cada vez mais, amplia os integrantes dele.

20 PESQUISADORES vão até a cidade com mais pessoas acima de 100 anos e contam os 10 mandamentos da felicidade. Hypeness, 31 jan. 2017. Disponível em: https://www.hypeness.com.br/2017/01/pesquisadores-vao-ate-a-cidade-com-mais-pessoas-acima-de-100-anos-e-contam-os-10-mandamentos-da-felicidade/. Acesso em: 25 jun. 2023.

SABER QUE ESTÁ CONTRIBUINDO PARA UM TRABALHO SIGNIFICATIVO TRAZ MOTIVAÇÃO PARA CONTINUAR A DAR SEMPRE O MELHOR DE SI, VIVENDO COM PROPÓSITO.

6. RECRUTAMENTO E SELEÇÃO NÃO SÃO COISAS DE RH

"Uma equipe de alta performance começa com uma contratação de alta performance."

CAMELY RABELO

Muitos profissionais, ao assumirem a liderança, terceirizam o processo de contratação integralmente ao RH, sem se darem conta de que a responsabilidade de selecionar talentos é do líder. Afinal, é ele quem sabe (ou deveria saber) quais características, habilidades e perfis são necessários para que um profissional ocupe determinado cargo.

As competências que as pessoas manifestam, seus perfis e suas bagagens devem ser fatores considerados nesse momento, mas o RH nem sempre detém tal conhecimento.

É tarefa desse departamento garantir um processo otimizado e eficiente, porém cabe a você, líder, definir qual perfil precisa ser priorizado de acordo com os desafios que a função apresenta. O papel do líder diante do recrutamento e da seleção é semelhante ao de um observador técnico (também chamado de *scout* ou olheiro) no mundo esportivo: deve-se exercitar a capacidade de encontrar novos talentos, escalar os titulares e os reservas, e desenvolver seus atletas. Em alguns momentos, essa visão é muito mais aguçada no líder comercial do que no profissional de RH, então cabe ao primeiro orientar a equipe de recursos humanos que vai ajudar no processo.

Tenha em mente que recrutamento e seleção são processos diferentes. "Mas como assim?", você pode perguntar. Bom, vamos assumir aqui que a contratação é um "funil". Enquanto o recrutamento é o topo, momento em que muita gente é atraída, a seleção é o meio, que é quando, depois de uma triagem prévia, os candidatos que mais se adéquam à vaga passam para essa etapa.

Por serem diferentes, essas duas fases exigem procedimentos e métodos apropriados e específicos.

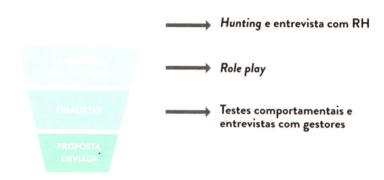

Vamos começar falando sobre recrutamento.

Existem duas formas de detectar talentos para vagas abertas. Abordaremos esses dois tipos a seguir.

RECRUTAMENTO INBOUND: Neste modelo de recrutamento, estratégias para atrair os candidatos devem ser utilizadas. Isso significa que, voluntária e proativamente, eles vêm até a vaga. A premissa é a mesma do *inbound marketing*: você lança a rede, nutre e espera que os seus leads (nesse caso, seus candidatos) venham até a oportunidade.

Existem diferentes canais que podem ser explorados para garantir um recrutamento *inbound* eficiente: postagens de anúncio em página de carreiras, sites específicos de recrutamento, e-mail marketing, mídias sociais (em especial, plataformas profissionais, como LinkedIn), entre outros.

RECRUTAMENTO OUTBOUND: Ao contrário do modelo anterior, o recrutamento *outbound* exige o processo de buscar possíveis candidatos que se adéquem à posição que precisa ser preenchida. Neste caso, pulamos a etapa da atração, e a oferta de emprego é feita logo no início do contato.

Não é possível definir qual é o melhor ou mais eficiente modelo sem considerar o contexto de cada negócio. Aqui, deve-se ter em conta a mesma estratégia racional aplicada em vendas: se a sua operação tem um ticket baixo, é recomendado optar pelo recrutamento *inbound*. Já as vagas de liderança e as mais estratégicas, em operações com ticket alto, exigirão estratégias *outbound*, pois o cargo requer talentos com mais experiência e, possivelmente, uma especialização no segmento.

Durante meus anos de atuação, validei algumas abordagens e práticas que me geraram bons resultados sempre que precisei contratar novos talentos. Você pode aplicar esses métodos para atrair e encantar possíveis talentos, os quais apresento a seguir:

- Posicione-se como uma autoridade em seu mercado a fim de que profissionais da área queiram trabalhar com você para aprender. Não basta saber, é preciso mostrar que sabe e expandir a exposição de seus conhecimentos;
- Abrace todas as oportunidades de palestras e eventos que surgirem para construir a sua reputação. Não se esqueça de deixar um QR Code de ativação no final, para que candidatos interessados consigam contatar você;
- Promova workshops gratuitos a fim de encontrar os "diamantes brutos" que renderão um ótimo resultado depois da lapidação;
- Faça parcerias estratégicas – por exemplo, com escolas que formam vendedores e líderes de vendas;
- Peça indicação aos profissionais que já fazem parte do time; afinal, eles sabem exatamente quem se encaixa na cultura da empresa;
- Estabeleça uma parceria estratégica entre RH e marketing para desenvolver anúncios atraentes e investir em mídia paga, com o objetivo de atrair o público certo;
- Mantenha um horário recorrente na sua agenda para estar ativo em plataformas que expandem o seu alcance profissional, como o LinkedIn, conectando-se com pessoas que podem se tornar potenciais candidatos.

Especificamente nos recrutamentos *outbound*, recomendo utilizar a metodologia PVC Sales. Esta abordagem consiste em: personalizar o primeiro parágrafo de sua mensagem para indicar que ela não foi enviada por alguma automação (o que cria rápida conexão); gerar valor no segundo parágrafo, abordando pontos como o crescimento da empresa nos últimos anos, quantas pessoas aceleraram suas carreiras ou outros dados instigantes; e finalizar com um *call to action* (convidando o candidato a alguma ação específica), que pode ser o link para se inscrever em uma vaga ou o agendamento de uma entrevista inicial.

A mensagem final seria algo semelhante a:

Olá, [nome]. Tudo bem? Sou cofundadora da [nome da empresa]. Vi seu perfil no LinkedIn e percebi que sua experiência como SDR, suas formações em técnicas de vendas e PNL e seus conhecimentos atestados têm a ver com o perfil que estamos buscando.

Somos uma escola referência para líderes de vendas e estamos crescendo de maneira acelerada. Além de grandes oportunidades, você estará no melhor lugar para desenvolver sua carreira na área comercial.

Se fizer sentido bater um papo com nosso time de RH, você pode clicar no link da agenda abaixo e programar o melhor horário para conversarmos.

[Link da agenda]

Camely.

A seleção é o passo seguinte. Depois de atrair e triar os nomes para a vaga, é hora de entender quais deles, de fato, apresentam as competências necessárias para ocupar o cargo. Se o recrutamento consiste em acionar uma grande rede de potenciais candidatos, a seleção virá para chancelar a escolha.

Agora que você conheceu as boas práticas para despertar interesse em possíveis talentos por meio de estratégias de recrutamento, vamos entender mais a fundo o papel do líder nesse processo.

DEFININDO O PERFIL IDEAL PARA A VAGA

O primeiro passo para uma contratação de alta performance é saber quem você quer atrair. Delinear o perfil ideal dos candidatos exige que você identifique suas necessidades e vagas abertas com base no planejamento estratégico.

Observe a cultura organizacional da empresa e reconheça os principais requisitos do cargo e as competências essenciais. Com o RH, o próximo movimento na esteira da seleção é definir a descrição e a persona. Para ter mais assertividade, analise o seu time e liste as características dos vendedores de alta performance, replicando essa persona que atua bem. Comece mapeando os conhecimentos, habilidades, atitudes, nível de fit cultural, histórico profissional, estilo de venda, tendências emocionais e todas as informações que você conseguir extrair facilmente de *assessments* (testes de personalidade). Em seguida, cruze e compare a performance dos vendedores mapeados e crie uma persona que facilite o trabalho do RH no processo de recrutamento.

MÉTODOS PARA UMA CONTRATAÇÃO DE ALTA PERFORMANCE

Não é raro que pessoas cheguem a ocupar um cargo sem atender aos requisitos que ele demanda. O líder entenderá que se trata de uma falha por parte do RH, quando, na verdade, ele não esteve suficientemente envolvido no processo de contratação. E este não deve ser encarado do mesmo modo como o processo de vendas é abordado.

Faça reuniões semanais com o RH para acompanhar o processo; crie gatilhos de passagem para garantir o Service Level Agreement (SLA);[21] alinhe o roteiro de entrevista que será aplicado pelo RH e por você, evitando perguntas sobrepostas ou ausência de alguma questão. No topo do funil, recomenda-se aplicar um teste para validar o fit cultural do candidato, em especial se você estiver escalando rapidamente um time comercial. Os testes Mindsight[22] contam com uma inteligência artificial capaz de medir o fit cultural dos candidatos no processo seletivo, triando-os ao considerar uma nota mínima de alinhamento com a cultura da empresa.

Outra dica que ajudará a garantir uma escolha assertiva e fundamentada em dados é elaborar uma planilha que servirá de base para pontuar os candidatos e facilitar a comparação de performance. Líderes de alta performance não contratam por "achismo", mas usam uma estratégia racional de decisão, evitando fricção com a área de RH e mitigando erros de seleção. Alguns elementos que recomendo avaliar em cada candidato são curiosidade, inteligência, ética de trabalho, histórico de sucesso e coachability.

Garanta a criação de um processo de *role play*, ou seja, uma simulação de venda que deverá ser conduzida para validar se o candidato de fato possui coachability. Somente depois da aprovação dos profissionais na atividade é que você deverá agendar uma entrevista final. E tem mais uma etapa: entre o *role play* e a entrevista, é importante aplicar testes comportamentais que validam a percepção das pessoas que realizaram a primeira entrevista e avaliaram a simulação de venda.

---

21 Documentação que indica o nível de serviço esperado por um cliente de um fornecedor. Ela estabelece as métricas pelas quais esse serviço é medido.
22 TESTES Mindsight: Fit Cultural e Recrutamento e seleção. **Mindsight**, s.d. Disponível em: https://mindsight.com.br/blog/testes-mindsight-de-recrutamento-e-selecao/. Acesso em: 18 jun. 2023.

Recomendo o uso de um *assessment* com base na metodologia DISC[23] para todas as posições, incluindo líderes, pois ela permite identificar os perfis de dominância, influência, estabilidade e cautela nos finalistas. O resultado ajudará a adicionar com assertividade algumas perguntas ao roteiro final da entrevista.

Nove em cada dez profissionais são contratados pelo perfil técnico e demitidos pelo comportamento,[24] então se concentre em identificar se as atitudes do candidato estão alinhadas com a cultura da empresa, pois as habilidades técnicas podem ser desenvolvidas posteriormente. Uma solução que uso há mais de dez anos e sempre recomendo é o Profiler, da empresa Sólides,[25] cujo diagnóstico é completo e de fácil entendimento mesmo para quem não é analista comportamental. Repare no exemplo a seguir, em que o candidato apresenta um perfil altamente executor e comunicador, baixo planejador e analista. O resultado do teste é acrescido de um texto que explica as características, competências e áreas de talento dos candidatos.

EXECUTOR COMUNICADOR

33.33%	32.78%	18.13%	15.75%
EXECUTOR	**COMUNICADOR**	**PLANEJADOR**	**ANALISTA**
MUITO ALTO	MUITO ALTO	MUITO BAIXO	MUITO BAIXO

Caso esteja contratando líderes de vendas, minha recomendação é aplicar testes específicos para essa posição, como o High Potential Trait Indicator (HPTI) da empresa Thomas,[26] usado por mim nos últimos anos e que teve bons resultados. O HPTI ajuda a identificar o potencial de liderança,

---

23 TESTE de personalidade DISC. **Pacto RH**, s.d. Disponível em: https://www.pactorh.com.br/teste-disc/disc/faca-agora-teste-disc/. Acesso em: 18 jun. 2023.

24 9 EM CADA 10 profissionais são contratados pelo perfil técnico e demitidos pelo comportamento. **G1**, 18 set. 2018. Disponível em: https://g1.globo.com/economia/concursos-e-emprego/noticia/2018/09/18/9-em-cada-10-profissionais-sao-contratados-pelo-perfil-tecnico-e-demitidos-pelo-comportamento.ghtml. Acesso em: 18 jun. 2023.

25 SÓLIDES Tecnologia. Disponível em: https://solides.com.br/. Acesso em: 18 jun. 2023.

26 HIGH Potential Trait Indicator. **Thomas**, s.d. Disponível em: https://www.thomas.co/assessments/high-potential-trait-indicator-hpti-assessment. Acesso em: 18 jun. 2023.

explorando os traços de personalidade de uma pessoa, e fornece uma visão de quão adequada ela pode ser para determinada função ou posição.

COMO CONDUZIR ENTREVISTAS COM MAESTRIA?

No tópico anterior, mencionei a planilha criada para pontuar os candidatos. Antes de começar a entrevista, é necessário atribuir peso às respostas – isso pode ser feito em conjunto com o RH. Por exemplo: estabeleça que candidatos que estão no mercado há mais de três anos terão 3 pontos, enquanto pessoas entre menos de um e dois receberão 1 ponto. A definição de pesos para as questões e respostas ajudará a comparar os resultados usando os mesmos critérios.

Quanto ao formato da entrevista, escolha aquele que melhor atende aos objetivos da contratação. Eles não são excludentes, pois podem ser complementares à medida que o indivíduo avança no processo. São eles:

» **ENTREVISTA INDIVIDUAL:** Este é um bom formato para conhecer o repertório de conquistas dos candidatos. Neste momento, faça questionamentos focados em avaliação comportamental e conduza perguntas de validação de competências com base nas técnicas de vendas utilizadas na sua operação.
» **ENTREVISTA EM GRUPO:** É uma solução escalável quando há um curto prazo para realizar a contratação. É importante dobrar a atenção aos pontos positivos e negativos deste formato, afinal algumas informações ou nuances podem passar despercebidas.
» **ENTREVISTA EM PAINEL:** Formato recomendado para a contratação de profissionais em cargos mais estratégicos. Também pode ser aplicado quando o líder está acelerando as contratações e precisa garantir que há uma sintonia com o restante da equipe, que ainda é pequena e integrada. Diferentemente da entrevista em grupo, composta de um entrevistador e vários candidatos, a entrevista em painel reúne uma equipe de entrevistadores e um único candidato, que responde a perguntas de várias pessoas de maneira intercalada.

SEU PRINCIPAL PAPEL É ENCANTAR

Uma forma de começar com o pé direito na experiência desse novo talento é comunicar a aprovação da vaga de um modo disruptivo, envolvendo os futuros colegas de trabalho em um áudio ou vídeo enviado por mensagem. Em seguida, o RH segue com o e-mail de formalização.

Foque o desenvolvimento criando um onboarding estruturado, com aulas sobre a empresa, o produto ou serviço que ela oferece, as metodologias de vendas que são aplicáveis ao negócio e os processos comerciais. Crie um momento de boas-vindas para apresentar a área, a missão do time, como funciona o processo de ramp-up,[27] quais são os rituais de liderança e gestão, e, principalmente, para reforçar o código de cultura da área comercial.

Por mais que muitos líderes não deem atenção a isso, quem busca a alta performance deve estar presente em todos os processos do recrutamento, da seleção e do início de um novo talento.

---

[27] Período que o novo integrante tem até que comece a operar autonomamente e a atingir a sua performance sem depender do auxílio de terceiros.

PARA TER MAIS ASSERTIVIDADE, ANALISE O SEU TIME E LISTE AS CARACTERÍSTICAS DOS VENDEDORES DE ALTA PERFORMANCE, REPLICANDO ESSA PERSONA QUE ATUA BEM.

7.
SEU PAPEL NA CONSTRUÇÃO DA SUBCULTURA COMERCIAL

"A cultura organizacional não define
a subcultura de vendas."

CAMELY RABELO

Toda empresa tem sua cultura: crenças, valores e normas – elementos compartilhados pelos colaboradores da companhia. A cultura empresarial cumpre a função de guiar e alinhar os comportamentos dos colaboradores no trabalho, e é extremamente importante para reter talentos e criar um senso de coletivo dentro da organização.

No entanto, as empresas têm também as subculturas, que são definidas como uma adequação à cultura dominante, com características pontuais que podem mudar de acordo com o clima, as demandas e a gestão daquele setor. A existência de subcultura pode ser muito benéfica se ela não ferir a cultura dominante e estimular a performance de maneira assertiva – e o líder comercial é crucial nessa construção, pois ele ditará o tom da subcultura e será a personificação dela, tornando-se exemplo para seus liderados.

Isso, claro, deve ser feito concomitantemente aos esforços de criar uma cultura de alta performance. Algumas empresas têm em seu DNA a cultura de alto desempenho correndo pelas veias, mas outras não. Como a área comercial é a máquina que sustenta financeiramente uma companhia, a subcultura de alta performance em vendas é inegociável. Cabe ao líder dessa operação deixar claro os comportamentos aceitos ou não no time.

CRIANDO UMA CULTURA DE ALTA PERFORMANCE EM VENDAS

"Alta performance" é um termo que ganhou terreno em algumas áreas profissionais, em especial no universo corporativo. Se o bom líder de vendas é um atleta corporativo, o alto desempenho deve ser buscado obstinadamente, e o primeiro passo para isso é ter estratégias bem desenhadas. Pude presenciar, ao longo da minha carreira, que nem sempre a falta de performance reside em erros grotescos e gritantes. O baixo desempenho é fruto de detalhes negligenciados, como não alinhar expectativas de entrega com novos vendedores, terceirizar o onboarding da equipe para outra área, não dar feedback de comportamento e resultado, não desligar vendedores que não batem meta, não comemorar pequenas conquistas, não apresentar mensalmente os resultados da operação para o time, não se preocupar com projetos de capacitação, não criar campanhas de vendas, entre outros pontos não contemplados pela liderança.

Poderíamos passar horas listando uma série de ações que líderes de baixa performance deixam de fazer, mas, como o meu papel aqui é não permitir que você seja esse tipo de profissional, vou compartilhar as iniciativas que mapeei e apliquei durante os últimos anos. Decerto, elas vão ajudá-lo a criar uma subcultura de alta performance em vendas, mesmo que a organização não exija esse comportamento em outras áreas.

No capítulo anterior, você aprendeu sobre a importância da validação do fit cultural no processo de contratação, certo? Acontece que apenas essa abordagem, isoladamente, não garante que as pessoas entrem na operação sabendo como o time opera, quais são as rotinas e o que é esperado em algumas frentes – afinal, alguns detalhes só serão calibrados no dia a dia. Em uma das empresas em que atuei, contratei uma vendedora com fit cultural acima de 60% – ou seja, seu perfil tinha muita sintonia com o que era esperado pela organização. Ainda no primeiro mês, ela enfatizou que "se soubesse que haveria metas e uma gestão de consequências por não entregar, talvez não tivesse aceitado o desafio".

Sim, algumas operações comerciais simplesmente não têm metas, e esse é um dos caminhos mais eficazes para a ausência de performance do time. É fundamental que, além do onboarding padrão que o RH aplica com profissionais que ingressam na empresa, a liderança elabore um onboarding de vendas. Assim, as chances de erro e o período de ramp-up podem diminuir de modo considerável.

Em algumas operações, o onboarding é orquestrado pela área de Sales Enablement, que também é responsável por criar e otimizar processos, definir as diretrizes de contratação e fornecer ferramentas, treinamentos e

É FUNDAMENTAL QUE, ALÉM DO ONBOARDING PADRÃO QUE O RH APLICA COM PROFISSIONAIS QUE INGRESSAM NA EMPRESA, A LIDERANÇA ELABORE UM ONBOARDING DE VENDAS.

insumos para melhorar rotinas e performance de vendedores. No entanto, independentemente do responsável que vai coordenar as estratégias e aplicá-las, você é encarregado de garantir que o aculturamento seja feito de maneira eficaz.

Para um onboarding altamente eficaz, garanta que os passos a seguir sejam incorporados.

WELCOME

Não terceirize o ritual de boas-vindas. Você deve ser a pessoa que recepciona os novos integrantes e apresenta a operação – desde a estrutura até a estratégia e visão de crescimento. Cabe a você esclarecer todos os detalhes sobre a subcultura da área comercial; quais são os comportamentos aceitos e não aceitos; qual é o resultado esperado dos novos integrantes nos primeiros meses; por quanto tempo estarão focados apenas em aprender; quais são os rituais do time; qual é a frequência de feedback e das sessões de coaching; quais modelos de feedback serão aplicados; e até mesmo apresentar os fatores que podem levar alguém a não fazer mais parte da equipe.

Esse também é um bom momento para apresentar o modelo de ramp-up da operação. Por exemplo: um novo vendedor pode passar um mês inteiro estudando paralelamente com atividades práticas e só começar a ser cobrado por resultados com base no segundo mês de maneira gradativa e linear. No exemplo a seguir, temos uma operação que atua com SMB (pequenas e médias empresas), com ticket baixo e ciclo curto de vendas. O novo vendedor estará focado no onboarding no primeiro mês e espera-se que ele entregue apenas 10% da meta. Nos meses seguintes, 50%, 80% e 100%, respectivamente. A avaliação final de desempenho ocorre no final do primeiro trimestre pós-onboarding, com tolerância de 70% da entrega para qualquer ação na gestão de consequências, que pode ser um feedback com plano de ação para recuperação. O desligamento por não atingimento mínimo de metas ou o próprio modelo de comissionamento pode ser a gestão de consequências, tendo em vista que no modelo geométrico de remuneração variável deve existir uma entrega mínima para ativar o comissionamento.

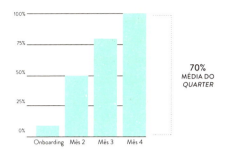

INTEGRAÇÃO

Alguns líderes simplesmente não entendem a importância de nomear um integrante da equipe como responsável pelo aculturamento de novos membros, ou de sair para almoçar com o time para apresentá-los. É por isso que faço questão de enfatizar que o primeiro pilar de um time de alta performance, na minha visão, é o trabalho em equipe. E, ao contrário do que muitos acreditam, ter um placar, implantar gestão à vista ou atrelar o bônus dos vendedores ao atingir metas de todos não fará sua equipe de fato remar na mesma direção.

O principal desafio enfrentado pelas equipes de trabalho é a falta de confiança, como salienta Patrick Lencioni em sua obra *Os 5 desafios das equipes.* Superar esse obstáculo não é uma tarefa fácil. A confiança não pode simplesmente ser imposta ou cobrada; a sua construção depende de um conjunto de elementos que devem fazer parte dos rituais de liderança.

Este é um assunto pelo qual sempre tive interesse, e poderia usar muitas páginas falando sobre ele, mas me limito a dizer que, depois de muitos livros lidos, encontrei uma obra que me ajudou a criar uma cultura de trabalho em equipe com eficácia: o *Manual de persuasão do FBI,* livro em que Jack Schafer desvenda a fórmula da confiança. De acordo com Schafer – que, além de autor best-seller, é ex-agente especial do Programa de Análise Comportamental da Divisão de Segurança Nacional do FBI –, a fórmula para se criar confiança exige proximidade, frequência, duração e intensidade. Por isso, é essencial que o time leve os novos integrantes para almoçar e conversem de maneira informal. E mais importante ainda: que isso não seja apenas no ritual de boas-vindas, mas que se transforme em rotina. Em resumo, qualquer atividade que gere proximidade física, seja frequente, prolongada e na qual exista um real interesse em satisfazer a necessidade do outro vai criar uma cultura de trabalho em equipe gradativamente.

DESENVOLVIMENTO CONTÍNUO

Tão importante quanto alinhar expectativas de performance com quem entra é garantir que todos tenham as ferramentas e os treinamentos necessários para alcançar o resultado esperado. Um time de vendas altamente produtivo, que segue práticas padronizadas e cujos novos vendedores alcançam bons resultados depois de poucos meses é o sonho de todas as empresas. Um dos caminhos que ajudarão a pavimentar isso é garantir que a operação tenha um playbook de vendas e um programa de capacitação continuada.

PLAYBOOK DE VENDAS

Trata-se de um guia prático que deve reunir todas as diretrizes a serem seguidas pelo time de vendas. Ele precisa contemplar no mínimo quatro pilares: institucional (história da empresa, principais cases, missão, visão, valores); produto (O que vende? Para quem? Qual é o seu mercado?); metodologias (Quais as principais metodologias utilizadas? – sempre complementar com exemplos práticos); e processos (funil de vendas, jornada de compra, *forecast*, CRM etc.).

No dia a dia, o playbook será um material consultivo utilizado pelos vendedores para que tirem dúvidas e tenham mais autonomia em relação à sua atuação, sem depender de orientações de outros profissionais sempre que uma dúvida surgir. Para que seja eficiente, é importante que, ao criar o material, você passe pelas etapas a seguir:

1. Mapear e reunir tudo o que a empresa já tem de informações pulverizadas;
2. Identificar quem são os vendedores mais antigos para transformar conhecimento tácito em explícito;
3. Compilar todo o conteúdo e construir um material atrativo, em que haja uma fácil orientação de onde achar cada informação;
4. Validar o conteúdo com especialistas internos (líderes, vendedores e até mesmo o CEO, dependendo do tamanho da empresa e seu envolvimento com a área comercial);

5. Divulgar o material para o time. É importante o engajamento dos colaboradores para que o playbook seja a principal fonte de informação consumida na operação.

A fim de que seja um material eficiente e que gere engajamento da equipe, é importante que o playbook seja um organismo vivo, isto é, que tenha constantes revisões e atualizações. O objetivo de revisitá-lo constantemente é apontar erros em processos anteriores e adicionar novas dicas e aplicações, para que ele se desenvolva com a empresa.

PROGRAMA DE CAPACITAÇÃO CONTINUADA

Não basta criar onboarding e um playbook completo se não houver **continuidade**. Um programa de capacitação continuada deve ser munido de conteúdo programático alinhado às metodologias de vendas e aos processos que farão o time alcançar as metas. Elabore treinamentos ao vivo, curtos e com atividades práticas.

Em uma das equipes que em que atuei, apelidamos a capacitação de TED Sales, uma analogia ao TED Talks, pois acontecia todos os dias com duração de dezoito minutos de explicação seguidos por atividades práticas. Uma dica para escalar é criar uma academia comercial, gravar todos os treinamentos e subi-los em uma plataforma para que sejam consumidos posteriormente por novos integrantes ou revisitados por quem participou ao vivo, porém apresentou dificuldade na aplicação dos conceitos aprendidos.

COMEMORAR PEQUENAS CONQUISTAS

Parece simples, mas carrega um efeito imensurável: a tríade da criação da subcultura comercial de alta performance é coroada com rotinas de **comemoração de pequenas conquistas**, ainda que isso seja facilmente negligenciado em meio a diversas prioridades em uma operação comercial. Equipes de baixa performance não costumam comemorar suas conquistas ou esperam um grande acontecimento, como a meta do ano ou do semestre, para celebrar. Já os times de alto desempenho são estimulados pela liderança a festejar cada venda realizada, pois sabem que o grande resultado é fruto de pequenas ações diárias.

Alguns líderes entendem a comemoração como algo dispensável, mas lembre-se de que não ter o que comemorar pode atrapalhar muito mais, pois a máquina de vendas pode facilmente quebrar a engrenagem de uma empresa.

Os rituais são a alma de uma operação comercial e, ao longo da minha carreira, já os vi em diversos formatos: desde estourar balões de ar com ingressos para o cinema, tocar sinos, até mesmo gongo (só podia ser coisa do Okino!). No meu time, sempre que um vendedor realizava uma venda, chamava o pré-vendedor que havia feito o agendamento para tocar a vuvuzela e pegar um brinde.

Antes que você pense em apelar para o home office como desculpa para não realizar as comemorações, saiba que existem formas alternativas de se celebrar – mesmo não estando no escritório. Durante a pandemia, precisei criar campanhas de comemoração para que nosso ritual não se perdesse, ainda que virtualmente. Assim que migramos o time para home office, lancei a campanha da celebração mais criativa, que era enviada no grupo, e no início do mês seguinte abríamos uma votação eleger a vencedora.

Mas há um embasamento que justifica os esforços constantes para se comemorar: o nosso cérebro está sempre em busca de prazer enquanto, ao mesmo tempo, tenta fugir do que causa desconforto, como exemplificado na pesquisa "The Brain's Reward System in Health and Disease". Quando algo que você assume como bom acontece, ocorrem descargas de neurotransmissores relacionados ao prazer, principalmente dopamina e serotonina. Com a presença desses neurotransmissores em polvorosa, você tende a ficar mais entusiasmado, empolgado, motivado e focado. É isso que acontece ao comemorar as conquistas: seu cérebro é estimulado a repetir aquele comportamento para obter o prazer proporcionado como uma "recompensa", assumida pelo reconhecimento de uma venda, por exemplo.

Nosso cérebro já é "programado" para identificar estímulos agradáveis (comer quando se está com fome; dormir quando se está cansado) e desagradáveis (machucar-se; frustrar-se). No entanto, alguns estímulos precisam ser ensinados para que se desenvolva prazer ao realizá-los (malhar, por exemplo). É nesse último cenário que o trabalho se enquadra: ao condicionar seu cérebro a entender que uma conquista proveniente do trabalho é um estímulo bom e agradável, você se manterá focado em replicar esse estímulo constantemente. No fim das contas, o que era desafiador e muitas vezes desconfortável torna-se fonte de prazer.

30. LEWIS, R. G. et al. The Brain's Reward System in Health and Disease. Adv Exp Med Biol. 2021; 1344: 57-69.

AO CONDICIONAR SEU CÉREBRO A ENTENDER QUE UMA CONQUISTA PROVENIENTE DO TRABALHO É UM ESTÍMULO BOM E AGRADÁVEL, VOCÊ SE MANTERÁ FOCADO EM REPLICAR ESSE ESTÍMULO CONSTANTEMENTE.

8. COLOCANDO A LIDERANÇA SITUACIONAL EM PRÁTICA

"O estilo de liderança não tem a ver com sua personalidade, é uma opção estratégica."

CAMELY RABELO

Liderança situacional é um conceito abordado por Daniel Goleman no livro *Gerenciando pessoas*,[31] publicado pela Harvard Business Review. David McClelland, psicólogo e professor de Harvard, realizou uma pesquisa com mais de 20 mil executivos de diferentes países e percebeu a existência de seis estilos predominantes de liderança.[32] Um dos aprendizados do levantamento é que os líderes com os melhores resultados não têm apenas um estilo de liderança. Eles os alternam, de acordo com as necessidades da equipe no momento.

Ainda de acordo com a pesquisa feita por McClelland, há um fator responsável por um terço do desempenho financeiro das companhias: o clima organizacional. **Liberdade e flexibilidade** de inovar com menos burocracia, a sensação de **responsabilidade** perante a organização, o **nível de padrões** que as pessoas estabelecem, o sentimento de **precisão** na avaliação de desempenho e de aptidão para conceder recompensas, a clareza que os profissionais têm em relação à **missão e aos valores** e o nível de **comprometimento** no que se refere aos objetivos. Quando esses fatores estão alinhados e convergindo, o impacto se traduz em retorno em vendas, em crescimento da receita, em eficiência e lucratividade.

Desse modo, ter flexibilidade e capacidade de alternar os estilos de liderança o ajudará a desempenhar com mais eficiência e a atingir o resultado

---

31 HARVARD BUSINESS REVIEW. *Gerenciando pessoas: os melhores artigos da Harvard Business Review sobre como liderar equipes*. São Paulo: Sextante, 2018.
32 *Idem*.

esperado no contexto em que você estiver. Dos seis estilos em que a teoria é baseada, quatro deles têm impacto positivo no clima organizacional; enquanto os outros dois, nem tanto. Vamos a eles!

VISIONÁRIO

O estilo de liderança visionária se baseia em uma visão clara e inspiradora do futuro. Profissionais com esse perfil são capazes de mobilizar os liderados em torno de sua visão. Suas características principais são **entusiasmo** e **visão clara**. Eles inspiram a criatividade nos seus liderados. De acordo com a pesquisa de McClelland, este estilo se mostrou o mais eficaz por impulsionar todos os aspectos que influenciam positivamente o clima organizacional.

Na minha equipe, optei por duas estratégias complementares ao aplicar este estilo. A primeira era durante as sessões de coaching de carreira, compartilhando o planejamento estratégico comercial com meus liderados, dando uma perspectiva de crescimento da operação e mostrando as diversas oportunidades que existiam para crescer e evoluir profissionalmente com a organização. Sendo líder de líderes, eu também tinha uma grande responsabilidade com o grupo, e a segunda forma que encontrei de aplicar a liderança visionária com ele foi durante as reuniões de apresentação de resultado, em que eu sempre iniciava reforçando a visão da empresa. Decerto, se você perguntar a alguém do meu time o que estávamos fazendo lá, obterá como resposta: "Construindo juntos a maior e mais importante empresa de software do Brasil". Gerar essa sensação de pertencimento e construção de algo grandioso juntos, que jamais conseguiríamos construir sozinhos, é papel do líder.

AFETIVO

O estilo de liderança afetivo está calcado principalmente em fatores como empatia e conexão emocional com o liderado. Como os líderes com predominância deste estilo valorizam mais pessoas do que objetivos, eles buscam formas de manter os colaboradores felizes e criar sensação de pertencimento, acolhimento e harmonia. Por costumarem ter um perfil aberto e acessível, os líderes afetivos não temem compartilhar momentos difíceis de sua vida. O resultado disso é um forte laço de confiança criado entre líder e liderados.

Ou seja, são construtores de relacionamentos genuínos. O impacto deste estilo tende a ser positivo e é útil em ocasiões em que se deseje melhorar a autoestima dos liderados, a comunicação ou algum tipo de relacionamento que eventualmente tenha sido prejudicado depois de um período ou situações estressantes, além de criar harmonia no time.

Alguns liderados me perguntavam como eu conseguia liderar 140 pessoas e lembrar o nome de todas, saber o contexto de vida e desafios pessoais que enfrentavam. Posso afirmar que isso foi uma construção estratégica. Duas vezes por mês, eu enviava mensagem por WhatsApp para todos os integrantes do time pedindo feedback; a cada quinzena, organizava happy hour no karaokê – e olha que nem gosto de cantar, mas nunca faltei aos encontros, pois sabia da importância de conhecer minha equipe fora do ambiente de trabalho. Em resumo, ações que aproximem você e seu grupo com afeto podem contribuir fortemente para o clima e, como consequência, para os resultados da empresa.

Mesmo que tenha um impacto positivo, porém, este estilo não deve ser usado de modo isolado. O elogio e a aceitação contínua fazem com que não haja a correção de comportamentos nocivos à operação, por exemplo.

DEMOCRÁTICO

O estilo de liderança democrática está ancorado no hábito de dar aos liderados o poder de decisão ou de influenciá-la, para então construírem um ambiente de respeito, confiança e comprometimento. Ao "liderar em conjunto com a equipe", o líder fomenta um clima participativo em que todos têm voz e podem contribuir nas decisões que os afetam. Isso gera um clima de responsabilidade, flexibilidade e autoestima.

Este estilo é mais estratégico quando o líder está indeciso em relação a iniciativas, campanhas ou qualquer outro assunto e procura receber conselhos de colaboradores experientes. Também pode ser uma boa saída ao se buscar ideias novas e disruptivas para colocar em prática. Em contrapartida, reuniões intermináveis sem decisões concretas tomadas tendem a ser um ponto negativo de líderes predominantemente democráticos. Nesses casos, a equipe pode passar a se sentir sem liderança.

Isso não quer dizer que o líder deve acatar todas as decisões tomadas pelos liderados. Nos momentos oportunos, ele precisa saber como conduzir as opiniões dos envolvidos para que cheguem a um resultado esperado e previsto. Alguns líderes são especialmente resistentes ao estilo democrático por acreditarem que a decisão ficará nas mãos dos liderados e isso poderia ser muito arriscado.

Eu gosto de pensar que o líder democrático forja consenso mediante participação. Isso quer dizer que a decisão já está tomada, mas fazer com que pareça ter sido definida em conjunto aumentará o engajamento de todos. Dois exemplos que me economizaram muitas horas dedicadas à gestão de conflitos foram quando decidi aplicar este estilo nas decisões de promoções a liderança e na implantação de novas ferramentas para otimizar processos. Não precisar justificar a escolha de quem seria promovido ou o estabelecimento de uma nova ferramenta foi, no mínimo, libertador.

COACH

Neste estilo de liderança, como o nome sugere, o líder assume o papel de um treinador. Ele passa a realizar a função de ajudar seus liderados a desenvolver as próprias habilidades, alcançar as metas e maximizar seu potencial – pessoal e profissionalmente. Líderes com predominância do estilo coach trabalham com a equipe de maneira mais próxima, ouvindo com atenção suas necessidades, oferecendo feedback construtivo e dando suporte para que os liderados atinjam seus objetivos. A construção da relação entre o líder e seus liderados se dá por meio de rotinas e rituais bem definidos, com objetivos claros.

O alcance dos objetivos é proporcionado pela criação de um ambiente de confiança e respeito mútuo com seu grupo. Ele aciona a habilidade de escuta ativa e de comunicação efetiva para entender os pontos fortes e fracos de cada membro da equipe e, assim, identificar as áreas que precisam de treinamento, oferecendo recursos como cursos, workshops, palestras e até mesmo mentoria.

Em contrapartida, este estilo pode ser falho quando o liderado não está genuinamente interessado em melhorar e em se desenvolver. Nesses casos, acionar os estilos modelador ou coercitivo, sobre os quais veremos a seguir, pode ser mais apropriado.

Na minha equipe, optei por aplicar o coaching em duas dimensões: vida e carreira. Um ponto de atenção aqui: assim como qualquer estilo, deve ser aplicado de modo situacional e sem excessos. Eu já cometi o erro de ser excessivamente coach e acabei perdendo bons talentos para o mercado, pois deixava-os preparados para um próximo nível muito rápido, com uma intensidade maior do que as oportunidade que surgiam na operação. É muito importante calibrar a intensidade das sessões de coaching de carreira com a velocidade de crescimento da empresa, visando preparar os liderados para as oportunidades que devem surgir nos próximos meses.

MODELADOR

O estilo de liderança modelador é aquele em que o líder inspira e motiva a equipe a crescer e a se desenvolver. Sua régua é sempre alta e ele busca garantir que seus liderados entreguem, a qualquer custo, excelência no que fazem. Um possível problema disso é que, em alguns casos, o líder pode não deixar claro o que é considerado excelência e acaba se frustrando e frustrando a equipe por não atingir os objetivos. O trabalho tende a ficar mais focado na execução de tarefas, perdendo-se, com isso, fatores como flexibilidade e entusiasmo, e tornando-se maçante.

Por não ser costume ter rotinas de feedback, os líderes modeladores, quando acham que as tarefas não estão sendo executadas "idealmente", assumem o controle e as realizam sozinhos, gerando desconforto e sensação de insuficiência dos liderados, prejudicando a autoestima – o que, por sua vez, contribui de modo negativo para o ambiente organizacional.

O estilo modelador é eficaz com profissionais altamente motivados e com grande desejo de desenvolvimento, mas é um perfil que pode afastar profissionais maduros que poderiam contribuir com conhecimento e que podem se sentir subutilizados. Gosto de usar o termo "barriga no balcão" para aplicar o estilo modelador. Na minha visão, melhor do que orientar com palavras e teorias, é modelar na prática. Por exemplo, quando mudei o playbook de vendas, fiz questão de não apenas oferecer um treinamento com o time, mas realizei diversas reuniões aplicando, gravando e disponibilizando as gravações para o time aprender como utilizar a metodologia na prática.

COERCITIVO

Líderes coercitivos são bons para momentos de crise ou recuperação, pois tratam os liderados com rédea curta. Um dos benefícios de aplicar este estilo de liderança é romper com hábitos e práticas que estejam impactando negativamente a operação.

A longo prazo, porém, o estilo coercitivo pode ser nocivo, pois pessoas com predominância coercitiva tendem a exigir obediência imediata e a ser autoritárias. Este estilo afeta a flexibilidade e impede que novas ideias sejam apresentadas pelos colaboradores, uma vez que eles têm medo de ser repreendidos.

Apesar de ter um impacto negativo para o clima, é o estilo ideal para momentos pontuais em que precisa haver a recuperação de liderados problemáticos. Sempre gosto de reforçar que aplicar a liderança coercitiva de modo assertivo implica dizer o que precisa ser dito com clareza e objetividade, sem ser agressivo. Um bom exemplo de aplicação é o feedback cartão amarelo, que será abordado no próximo capítulo.

COLOCANDO A LIDERANÇA SITUACIONAL EM PRÁTICA

O líder de alta performance deve conhecer os diferentes estilos de liderança e enxergá-los como tacos de golfe. Os perfis devem ser usados de acordo com cada solo, situação e jogador. No fim das contas, um bom líder entende que isso está muito mais atrelado à capacidade de identificar a necessidade que o contexto exige do que à personalidade. Tem a ver com a estratégia certa no momento certo – daí o conceito de situacional.

E agora que você já conhece os estilos de liderança e quais são as melhores formas de aplicá-los, podemos continuar a jornada de desenvolvimento de um líder e gestor de alta performance.

TER FLEXIBILIDADE E CAPACIDADE DE ALTERNAR OS ESTILOS DE LIDERANÇA O AJUDARÁ A DESEMPENHAR COM MAIS EFICIÊNCIA E A ATINGIR O RESULTADO ESPERADO NO CONTEXTO EM QUE VOCÊ ESTIVER.

9. COMO DESENVOLVER E MOTIVAR EQUIPES DE VENDAS

"Não existe motivação sem motivos que nos levem à ação."

CAMELY RABELO

Passar de seis para oitenta franqueados foi um dos desafios que enfrentei enquanto diretora comercial. Uma das estratégias adotadas para dar suporte a isso foi criar uma academia comercial com todos os treinamentos básicos que os novos vendedores deveriam dominar. No entanto, o real desafio em desenvolver e motivar equipes vai muito além disso: ele está no 1:1, em fazer com que cada indivíduo performe e, não só isso, com que ele viva todo o seu potencial na equipe.

Desenvolver pessoas não é um dom – ou seja, é algo que pode ser trabalhado –, porém precisa ser um propósito para o líder de vendas. Quando isso se torna um objetivo a ser perseguido, ele buscará formas de fazê-lo com eficácia e não vai sossegar enquanto seus liderados não explorarem toda a própria potencialidade.

Existem diferentes formas de desenvolver pessoas – e quanto maior o arsenal de um líder, melhor. O caminho mais escalável para isso são os treinamentos. Para seguir assim, a sua função será mapear todos os conhecimentos, habilidades e atitudes dos vendedores e, em seguida, desenvolver um plano de capacitação com base nas defasagens ou no que precisa ser aperfeiçoado. Parte desse desenvolvimento pode ser realizado pelo próprio líder, equipe ou empresa especializada em capacitação de times comerciais.

Pessoas motivadas e bem treinadas podem entregar resultados inacreditáveis. Um exemplo que guardo da memória foi de um vendedor com seus 20 anos que vendia doces na avenida Paulista. Certamente não seria contratado por qualquer líder, era notório que seria um desafio desenvolvê-lo para vender ERP (software de gestão) em uma empresa SaaS (Software as a Service); afinal, ele vinha de um contexto muito diferente. Em poucos meses, ele se tornou um dos meus melhores vendedores. Hoje em dia, me lembro dele como um dos melhores exemplos de que alguém motivado e treinado pode entregar resultados exponenciais.

No entanto, treinamento não resolve todos os desafios de desenvolvimento. Esse, na verdade, é o menor dos desafios ao capacitar equipe de vendas, uma vez que é possível nivelar o conhecimento do time sem gastar muito tempo e energia. Alguns rituais são suporte a isso. Criar uma cultura de feedback para que todos estejam se desenvolvendo de modo constante, independentemente das suas orientações, é um dos principais.

CRIANDO UMA CULTURA DE FEEDBACK

Uma cultura de feedback deve começar com o **líder recebendo feedback**. Se você deseja criar uma cultura de desenvolvimento contínuo, precisa ser a primeira pessoa a fazer parte desse processo e praticar o autoconhecimento. Portanto, sugiro pedir feedbacks constantes para seus liderados.

Ter uma estrutura para essas conversas ajudará a manter a eficácia da iniciativa. O framework ideal para aplicar é o CCP[33] (começar, continuar e parar), modelo em que os liderados listam ações que o líder deveria **começar a fazer**, trazendo-lhe pontos interessantes de desenvolvimento. Isso pode ser muito enriquecedor, pois, em muitos casos, são apresentadas ações que eles vivenciaram com outros líderes e que deram ótimos resultados. O liderado também deve oferecer sugestões sobre o que o líder precisa **continuar fazendo**, pois está sendo positivo para os liderados e para a operação; e o que, mesmo com boas intenções, o líder deve **parar de fazer**, pois, na visão dos liderados, está atrapalhando mais do que gerando benefícios.

É importante alertar que, no início, o CCP pode ser frustrante: é normal que os liderados, ao menos nas primeiras sessões, não tragam feedbacks tão valiosos. Para que sintam segurança em falar o que é necessário, é essencial

[33] DELONG, T. J. Three Questions for Effective Feedback. Harvard Business Review, 4 ago. 2011. Disponível em: https://hbr.org/2011/08/three-questions-for-effective-feedback?utm_campaign=e-mail_8_novo_curso_de_feedback_frameworks&utm_medium=email&utm_source=RD+Station. Acesso em: 18 jun. 2023.

UMA CULTURA DE FEEDBACK DEVE COMEÇAR COM O LÍDER RECEBENDO FEEDBACK.

que se construa uma relação de confiança. Se você se comprometer a fazer feedbacks invertidos mensalmente, não procrastine essa agenda enquanto prioriza outras tarefas. Isso mostrará a importância que você dá em ouvir a opinião e as percepções do seu time; assim, essa construção de confiança será cada vez mais produtiva e a sua equipe se sentirá mais segura ao compartilhar pontos de melhoria.

Tão importante quanto pedir feedbacks é saber receber, e ter inteligência emocional para lidar com as possíveis devolutivas é vital para um bom líder. Esteja ciente de que nem sempre ouvirá opiniões totalmente positivas, apontando que você é um ótimo "chefe" e que deve continuar fazendo o que já faz. Quando isso acontecer, entenda que feedback é um presente e só compartilhamos retornos verdadeiros com aqueles em quem confiamos. Assim como agradecemos um presente inusitado de aniversário, que não tem nada a ver com nosso gosto, também precisamos ser gratos pelas devolutivas de nossos liderados e não reagir de maneira reativa ou buscando justificativas a qualquer custo. Você não precisa concordar, mas deve aceitar e processar a informação, tirando proveito do que o fará evoluir.

A esta altura, você pode estar se questionando sobre a relação entre feedback e o tema do capítulo: desenvolvimento e motivação de equipes. Bem, você já deve ter ouvido falar que se deve liderar pelo exemplo – é por isso que precisa ser a pessoa que pede e recebe bem um feedback, pois somente assim será possível dar feedbacks assertivos sem ter de lidar com a reatividade de quem recebe.

E por falar em dar feedbacks, como você tem aplicado esse processo com a equipe? A escolha do modelo é tão importante quanto a frequência. Na minha visão, a frequência é bem simples de definir: **feedbacks de comportamento** devem ser compartilhados o mais próximo possível do evento, o suficiente para que a pessoa se lembre do que fez e com a distância necessária para que você tenha processado e não o faça com juízo de valor, mas, sim, focado em fatos e dados.

Quando falamos em **performance**, idealmente deve ocorrer na primeira semana de cada mês, mesmo que você já dê um feedback informal durante as reuniões. Na primeira semana do mês, deve ser feito um ritual para formalizar a entrega do mês anterior. Recomendo que você busque soluções no mercado para registrar o que foi dito e possíveis prazos de recuperação. Uma solução que já usei e recomendo é a Qulture.Rocks,[34] principalmente se você é líder de líderes e precisa acompanhar a rotina de todos. Repare no exemplo a seguir, que retrata o registro do feedback sobre a comunicação do colaborador.

O meu framework preferido para conduzir sessões de feedback é, sem dúvidas, o SCI,[35] que se baseia em três premissas: situação, comportamento e impacto. Ou seja: seu papel é relatar a situação e o momento em que ela ocorreu; depois, mencionar o comportamento do liderado (sem julgamentos de valor, apenas descrevendo o comportamento); e, então, fazer perguntas para que o liderado reflita sobre o impacto do comportamento ou resultado para sua carreira. Com essa sequência, você garante que não haverá julgamento da sua parte e que o liderado se apropriará do problema, buscando resolvê-lo. Como todo bom feedback, você deve sair com o registro do que foi dito, data do próximo encontro e um plano de ação para corrigir o que aconteceu ou os impactos causados. Embora haja diferentes modelos, o SCI é, na minha visão, um dos mais assertivos tanto em termos de comportamento quanto de performance. No entanto, pesquise outros e veja qual se encaixa melhor na sua realidade.

O FEEDBACK FINAL

Um problema se instala quando a tentativa de desenvolver um liderado chega ao fim. Uma cultura de alta performance não permite que profissionais que não entregam as metas permaneçam por muito tempo na operação. E, definitivamente, a demissão não é o melhor momento para compartilhar aquele feedback que motivou o desligamento. Por outro lado, desligar alguém sem uma devolutiva é submeter essa pessoa a um castigo psicológico, uma vez que ela nunca saberá o real motivo que ocasionou o fim da sua jornada na empresa e é provável que cometa os mesmos erros em outros lugares.

O limite do SCI dependerá diretamente da cultura organizacional e da subcultura que você imprime na área comercial. Alguns líderes dão diversos feedback sem nenhuma consequência, e essa pode ser a principal razão para o liderado não mudar. Ao perceber que não houve evolução, é importante que o líder se prepare para um "cartão amarelo".

Ao contrário do que muitos imaginam, não se trata de um aviso prévio para profissionais que não seguem a cultura ou não entregam os resultados esperados. O "cartão amarelo" é carregado de um grande nível de assertividade com aqueles liderados que podem ser chamados de "irrecuperáveis", e consiste em quatro passos.

Minha sugestão para gerar eficácia ao conduzir esse tipo de feedback é que você escreva um roteiro e faça uma simulação antes de executá-lo. Digo isso com a propriedade de alguém que já errou na primeira tentativa – mas, depois que entendi o real motivo de cada um desses passos, tive um índice de 90% de recuperação dos tais "irrecuperáveis".

PASSO 1: PREPARE O TERRENO
Redobre a atenção ao nível de empatia nesse momento: o que será dito terá um forte impacto e não precisa de dureza. Reúna e apresente todos os fatos e dados que comprovam sua avaliação sobre o liderado. Deixe claro sua intenção positiva em ter essa conversa e sua preocupação com o desenvolvimento do liderado em questão.

PASSO 2: CONVIDE À APROPRIAÇÃO
Não comece a conversa compartilhando sua visão, mas faça perguntas inteligentes que estimulem o próprio colaborador a refletir sobre seu comportamento ou resultado. Desse modo, ele poderá apropriar-se da percepção a respeito do próprio comportamento e do impacto causado.

PASSO 3: COMPARTILHE SEU FEEDBACK E DISCUTA AS REAIS CONSEQUÊNCIAS CASO NÃO HAJA EVOLUÇÃO

Nem sempre a consequência de um cartão amarelo precisa ser um desligamento para que apresente o resultado esperado. Em alguns casos, o simples fato de não ser promovido ou não receber um aumento salarial podem ser bons motivos para uma mudança de comportamento ou performance.

PASSO 4: TERMINE POSITIVAMENTE

O passo anterior costuma ser o mais desafiador, pois, em alguns casos, quem recebe o feedback pode não acreditar que consiga melhorar e queira jogar a toalha sem nem ao menos tentar reverter a situação. É aqui que o líder entra com o apoio para desenvolvimento do plano de ação. Terminando positivamente, caberá ao líder demonstrar seu nível de confiança na pessoa e no plano.

PROPÓSITO, AUTONOMIA E EXCELÊNCIA

Para garantir que o desenvolvimento do time esteja alinhado às expectativas da companhia e aos objetivos que a operação tem, é importante não negligenciar aspectos como **propósito**, **autonomia** e **excelência**. Esses três pilares e seus conceitos compõem a obra *Motivação 3.0*, de Daniel Pink.

O **propósito** está relacionado à capacidade de o líder alocar a pessoa no lugar certo, fazendo algo que ela de fato ama, mas, além disso, conectar constantemente a equipe ao propósito da organização. Uma boa forma de fazer isso é compartilhar cases reais de pessoas transformadas. Uma ação que continuo realizando até hoje é colher depoimentos de clientes contando como tiveram sua vida, carreira e negócio transformados para apresentar em convenções de vendas. Trata-se de uma boa maneira de os liderados entenderem o impacto real que geramos na vida de outros indivíduos.

A **autonomia** em operações comerciais está relacionada a criar uma cultura de inovação em vendas, com alto nível de alinhamento sobre objetivos e autonomia para que a equipe ajude na construção de projetos e execute suas funções dentro deles. A **excelência**, por sua vez, cumpre o papel de garantir que seus liderados sintam que estão se desenvolvendo sempre, em constante aprendizado.

Lembre-se: não existe motivação sem motivos que nos levem à ação. Construa uma cultura de feedback e inovação, garanta que as pessoas certas estejam no lugar certo e faça com que se desenvolvam constantemente trabalhando com você. Tudo isso vai tornar você um líder de alta performance, com liderados que seguem o mesmo caminho.

CONSTRUA UMA CULTURA DE FEEDBACK E INOVAÇÃO, GARANTA QUE AS PESSOAS CERTAS ESTEJAM NO LUGAR CERTO E FAÇA COM QUE SE DESENVOLVAM CONSTANTEMENTE TRABALHANDO COM VOCÊ.

10.
TRAZENDO O COACHING PARA O TIME

"Transforme liderados em fãs através do coaching."

CAMELY RABELO

Conduzir pessoas de um ponto a outro. Mesmo com as mudanças semânticas que o termo "coach" teve ao longo dos anos, seu significado sempre foi, essencialmente, esse. O termo tem origem no inglês e, de início, se referia a um tipo de transporte de luxo, como uma carruagem, responsável por transportar pessoas. Alguns séculos depois, o vocábulo passou a ter outra conotação: identificar profissionais que conduzem e treinam uma pessoa ou equipe para que alcancem seus objetivos nos esportes (da mesma forma como um motorista conduz uma carruagem).

No Brasil, o coaching surgiu na década de 1990, com ênfase no ambiente corporativo, como uma abordagem de liderança que se concentra no desenvolvimento das habilidades e competências dos colaboradores. Em termos corporativos, o líder coach é o profissional que se empenha em orientar seus liderados para que desenvolvam as habilidades e potencialidades, incentivando-os a se tornarem autônomos e responsáveis por seus resultados. Na prática, um líder coach tem a missão de encurtar o caminho para os objetivos profissionais de seus liderados – para isso, é preciso que estejam munidos das ferramentas certas.

Em 2012, um grande mentor, meu professor na pós-graduação de Gestão de Projetos, me disse: "Se você realmente está decidida a liderar um time, precisa estudar coaching". Foi então que resolvi investir na formação Professional e Self Coaching do Instituto Brasileiro de Coaching (IBC). Desde então, minha visão sobre desenvolvimento humano mudou por completo, pois entendi o poder que um bom líder pode exercer na vida dos seus liderados, então espero que este capítulo seja tão transformador para você quanto foi para mim. E, para isso, vamos começar do início.

O QUE É COACHING?

José Roberto Marques, fundador e CEO do IBC,[37] define coaching como "um conjunto de conhecimentos, ferramentas e competências que contribuem para que líderes, profissionais e pessoas tenham resultados extraordinários".

Com a difusão e eventual banalização do termo, é comum que existam alguns equívocos sobre as nomenclaturas utilizadas. Para que não haja confusão no decorrer dos capítulos, você, leitor, deve conhecer e dominar os três títulos que permeiam este universo:

- **COACH** é o especialista que aplica os conhecimentos.
- **COACHING** é a metodologia que pode ser aplicada tanto na vida pessoal quanto profissional de alguém, contribuindo para que as pessoas alcancem seus objetivos em um curto período.
- **COACHEE** é o liderado que recebe as sessões de coaching.

Outra confusão a ser evitada: coaching não é a mesma coisa que mentoria e feedback, embora ambos sejam valiosos para o desenvolvimento profissional dos liderados. O que os difere, além da forma como são conduzidos, é o impacto que causam na carreira do indivíduo.

O QUE FAZ UM LÍDER COACH?

Mais do que atribuir tarefas, traçar estratégias e fazer planejamentos comerciais, um líder da área de vendas que busca resultados excepcionais e quer causar impacto na vida de seus colaboradores deve desenvolvê-los em diferentes frentes, e extrair competências que possivelmente eles nem sequer sabiam ser capazes. Isso é possível quando você passa a ser um líder coach.

Para desenvolver o potencial do coachee, o primeiro passo é conseguir traçar objetivos que sejam do desejo dele. Não se esqueça de que o seu papel não é oferecer respostas prontas, mas, sim, utilizar as ferramentas necessárias, como perguntas poderosas, para desenvolver o autoconhecimento de cada um.

---

37 Conheça mais em: https://www.ibccoaching.com.br/. Acesso em: 18 jun. 2023.

Quanto aos tipos de coaching, temos dois, os quais descrevemos a seguir.

COACHING DE VIDA

Esta modalidade se concentra no desenvolvimento pessoal dos liderados e inclui ferramentas para melhorar a qualidade de vida e os relacionamentos pessoais e profissionais. Enquanto líder, você já deve ter percebido como acontecimentos pessoais impactam na entrega dos resultados – inclusive, falamos sobre isso alguns capítulos atrás. No entanto, não se engane: coaching não é terapia, mas contribui para que o time trabalhe para ter uma vida mais equilibrada e feliz, impactando direta e indiretamente na performance dele. Retenção de talentos, redução de *turnover* e redução de absenteísmo são alguns benefícios de se implementar sessões de coaching de vida.

Uma das ferramentas mais utilizadas nesse tipo de sessão é a roda da vida (representada a seguir), um instrumento diagnóstico por meio do qual o coachee faz uma autoavaliação sobre sua vida pessoal e profissional, seus relacionamentos e sua qualidade de vida.

RODA DA VIDA

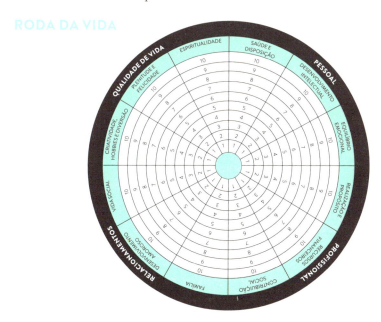

Recomendo que esse tipo de sessão tenha o formato coaching group, com frequência trimestral ou semestral, pois é uma atividade importante na rotina de liderança, mas não obrigatória. Uma forma estratégica de conduzir as sessões é envolver o RH, aproveitando a dinâmica para reforçar valores, cultura e missão da companhia.

Para que os liderados realizem o autodiagnóstico, deve-se distribuir versões impressas da roda vida a fim de que, com base na autoavaliação, eles possam traçar um plano para buscarem maior equilíbrio nos aspectos que estão em defasagem por atribuir menos importância a eles.

COACHING PROFISSIONAL

Aqui, o coach direciona sua abordagem a assuntos referentes ao trabalho, buscando o desenvolvimento e o aperfeiçoamento das habilidades do coachee. Trabalham-se questões como produtividade, resultados organizacionais, habilidades de comunicação, negociação, técnica de vendas, liderança e afins. Essas abordagens, por sua vez, podem ser aplicadas em sessões de coaching de vendas e coaching de carreira.

COACHING DE VENDAS

Uma das principais objeções ao realizar uma venda costuma ser o preço, mas isso só ocorre quando o potencial consumidor não enxerga real valor no produto. Coaching de vendas é uma maneira estratégica de contornar essa objeção, uma vez que poderá dar as ferramentas para o profissional desenvolver suas habilidades comerciais, fazendo o cliente passar a enxergar o real valor da solução. A mesma lógica se aplica quando o vendedor não obtém uma resposta definitiva do potencial cliente. Com as ferramentas certas, ele será capaz de se desenvolver a ponto de abordar os consumidores de modo mais assertivo.

Quando bem aplicado, o coaching de vendas é capaz de diminuir o ciclo de vendas, melhorar a qualificação do time e aumentar os resultados da empresa. Para que esses resultados ocorram, não basta exercitar o autoconhecimento dos liderados, é necessário acompanhá-los constantemente e apoiá-los no desenvolvimento das técnicas e habilidades necessárias para a profissão sempre que preciso.

Uma das ferramentas que recomendo ao aplicar coaching de vendas é a metologia DISC – um levantamento feito para avaliar níveis de dominância, influência, estabilidade e cautela nos perfis comportamentais dos liderados.

Na minha visão, não existe um perfil melhor ou pior; o que faz a diferença é a capacidade de o líder colocar a pessoa certa no lugar certo ou ajudá-la a desenvolver as competências necessárias para enfrentar desafios.

Outra abordagem que considero efetiva na condução das sessões de coaching é a utilização de uma roda de competências personalizada, ferramenta que os liderados devem usar para se autoavaliar em cada habilidade. No entanto, não se esqueça de que, para ter sucesso, é preciso desenvolver a própria roda. Além disso, é importante contar com a colaboração do próprio time, trazendo a visão de todos acerca das competências necessárias para vender na empresa. Tal reflexão tem de ser feita em todas as etapas do processo; ao final dele, você identificará conhecimentos, habilidades e atitudes que um vendedor precisa ter para exercer a alta performance na sua equipe.

Além de técnicas e ferramentas, é preciso pensar no ritual em que a aplicação das sessões estará inserida. Regularidade e continuidade não apenas garantem que o método seja acompanhado de perto e que eventuais desvios de rotas sejam corrigidos, mas também dão aos liderados a sensação de assistência, amparo e desenvolvimento.

Para mais eficácia do processo, recomendo que as sessões de coaching de vendas sejam realizadas individualmente. A frequência dependerá da maturidade do profissional na sua operação. Para colaboradores que finalizaram o onboarding, recomendo sessões mais intensas e semanais. Para aqueles já "rampados" – ou seja, que dominam as técnicas necessárias e conseguem entregar metas sem assistência –, elas podem ser quinzenais. Aos que já superam as metas e eventualmente ajudam outros colegas a vender, a frequência mensal pode ser o caminho ideal. Já para profissionais que estão em um plano de desenvolvimento para uma futura liderança, manter uma rotina quinzenal é interessante. Nesses casos, recomendo que, na primeira sessão, o líder conduza a sessão com o liderado e, na segunda, o liderado a coordene com um par em processo de recuperação.

ANATOMIA DO COACHING DE VENDAS

Aumentar a conversão de fechamentos, criar uma cultura de desenvolvimento contínuo e alavancar resultados são alguns dos objetivos de todo líder comercial. Poucas estratégias são tão eficazes para atingir essas metas quanto as sessões de coaching de vendas.

A pesquisa Inside Sales Benchmark Brasil 2022, realizada pela empresa brasileira Meetime,[39] mostrou que, em 63% dos casos, quem faz o coaching de vendas é o líder imediato. É comum que essa atribuição também seja do time de Sales Enablement. Nesses casos, recomendo que o líder não se afaste da atividade, permanecendo por perto mesmo no papel de mentor, revisando e atualizando a roda de competências, acompanhando algumas sessões e garantindo que o time responsável pelo desenvolvimento dos vendedores está de fato preparado para levar a equipe ao próximo nível.

No entanto, não se deve conduzir sessões de coaching por intuição. Seguir a estrutura predefinida é vital para o sucesso da aplicação. O **diagnóstico de materiais** é a primeira etapa. Reserve um momento do dia para ouvir uma ligação ou para assistir a uma reunião ativamente, ou seja, anotando os pontos em que o profissional precisa melhorar. Em seguida, peça que o próprio colaborador ouça sua gravação ou assista à própria reunião e avalie com nota de 0 a 10 o nível de satisfação com a metodologia que você já identificou que ele precisa melhorar.

A segunda etapa é **marcar a sessão**, efetivamente. Você deve estar preparado para fazer perguntas que vão estimular a autoavaliação e ampliar sua consciência sobre o nível de entrega das metodologias na prática, em vez de dar as respostas ao coachee. Essas perguntas devem ser feitas de modo estratégico para gerar uma autoavaliação coerente. Uma dica importante é nunca exceder três competências por sessão, pois a falta de foco pode ser a grande vilã da evolução profissional. Em uma escuta de ligação, por exemplo, poderíamos selecionar o desenvolvimento da aplicação de gatilhos mentais, o gatilho de autoridade na apresentação pessoal, gatilho de prova social na apresentação da empresa e gatilho de escassez no agendamento.

Depois de realizar o diagnóstico e aplicar a sessão de autoavaliação, o liderado terá consciência de suas defasagens. Nesse ponto, é hora de acionar a terceira etapa: **criar um plano de ação** a fim de que o liderado desenvolva as competências de que precisa para performar melhor e atingir os seus objetivos. Não se esqueça de que essa construção deve ser feita a quatro mãos, pois quando o coachee participa da elaboração do plano, as chances de ele se engajar na execução serão maiores.

---

39 Disponível para download em: https://lp.meetime.com.br/inside-sales-benchmark-brasil. Acesso em: 18 jun. 2023.

Sempre finalize a sessão agendando a próxima. Deste modo, você poderá acompanhar a evolução do liderado. E uma última dica: ao ajudar seu colaborador a traçar um plano de desenvolvimento, considere o tempo, a energia e o orçamento que as iniciativas vão demandar. Avalie se esses três fatores estão de acordo com a realidade e os recursos que o liderado tem à disposição. Para ampliar o nível de consciência do coachee, é importante intercalar as sessões de coaching de vendas com feedback técnico. Exemplo de como aplicar o feedback de escuta de ligações é utilizar o sistema de engajamento de vendas – Spotter, da Exact Sales, pontuando no momento certo os pontos de avaliação mais positivos e de necessidade de melhoria.

COACHING DE CARREIRA

Coaching de carreira é uma das ramificações do coaching profissional e deve ser aplicado quando o foco do coachee é desenvolver aptidões necessárias para fazer movimentos em sua trajetória. Por exemplo: um pré-vendedor que está prestes a se tornar um vendedor; alguém da área de vendas que está almejando posição de liderança; ou até mesmo uma pessoa que pretende passar por uma transição e assumir um desafio em outro campo da organização. Quando digo isso, muitos líderes tendem a torcer o nariz, mas lembre-se de que é sempre melhor "perder" bons profissionais para um par do que para um concorrente. As sessões de coaching de carreira ajudarão os indivíduos em diferentes fases da vida profissional, desde a escolha de uma profissão até entender e superar os motivos de estagnação.

Durante uma sessão de coaching de carreira com alguém que deseja assumir a liderança do time, existem pontos que o líder coach deve mapear e identificar no seu liderado. Conheça-os a seguir.

CONHECIMENTO: Alguns conhecimentos que um líder precisa ter dizem respeito ao produto, ao negócio, aos processos, às técnicas de vendas, à gestão de projeto, ao coaching e a todo o repertório acadêmico necessário para fazer uma boa gestão e liderança do time.

HABILIDADES: As características de um indivíduo hábil; as aptidões; a capacidade de realizar uma tarefa bem executada.

VALORES: São maleáveis e influenciados pelo ambiente externo. Fatores como o contexto, a cultura e os interesses de cada profissional vão impactar direta e indiretamente os valores que ele carrega. Enquanto colaborador de determinada empresa, os valores do futuro líder precisam estar alinhados para que ele não se torne um detrator ao ser promovido. Alguns valores que um líder de vendas deve deter são paixão por vendas, busca pelo desenvolvimento contínuo, confiança, transparência, empreendedorismo e foco em resultados.

INTELIGÊNCIA: Embora seja muitas vezes equiparada ao conhecimento acadêmico, isso não é necessariamente uma verdade. A capacidade de pensar de modo analítico e usar o seu conhecimento e experiência é muitas vezes mais importante do que o seu repertório acadêmico.

Além da inteligência intelectual, a **inteligência emocional** é um elemento crítico nas competências que um coach deve avaliar no seu liderado. Alguns desafios que o líder de vendas precisa saber como enfrentar são elaborar planejamento comercial, desenhar processos comerciais, desenvolver o time com metodologia de vendas, analisar dados para tomar decisões, lidar com fatores externos que afetam a motivação do time, gerenciar suas emoções, diagnosticar emoções do liderado e gerenciar emoções dos outros.

MOTIVAÇÃO: Impulso que faz as pessoas agirem para atingir seus objetivos. No trabalho, está diretamente ligada à satisfação e à produtividade. Manter-se motivado, assim como sua equipe, mesmo em momentos difíceis, impulsionar o time a ser produtivo e comprometido com a entrega de resultados, preservar uma cultura de alta performance e alta produtividade, além de ser um embaixador da marca — tudo isso deve ser levado em consideração ao avaliar a motivação do coachee.

Além de avaliar esses critérios, a aplicação das sessões deve ser feita com o apoio de ferramentas que permitirão criar um plano de ação eficaz ao objetivo do coachee. A seguir, você conhecerá as principais ferramentas que um coach de carreira pode acionar.

HTPI. O Indicador de Características de Potencial (HPTI) é uma ferramenta que costumo utilizar para a contratação de líderes e para o desenvolvimento de vendedores que desejam se tornar líderes. Trata-se de um instrumento criado pela Thomas, uma das maiores plataformas de avaliação de talentos, que mede seis características que afetam o desempenho no trabalho, além de apontar as abordagens que podem ser usadas ao alcançar a posição de liderança. Entre os níveis avaliados, estão os de conscienciosidade, resiliência, curiosidade, audácia, aceitação de ambiguidade e competitividade.

Um adendo importante ao aplicar esse teste é não ceder à tentação de achar que uma alta pontuação é algo bom, enquanto uma baixa pontuação tem caráter negativo. Essa percepção não se aplica ao HPTI. E, embora esta seja uma ferramenta valiosa para se ter no arsenal de todo líder coach, o resultado do HPTI não é o único ingrediente para uma potencial e eficaz liderança.

DISC. Algumas páginas atrás, apresentei o teste DISC. Neste contexto, porém, é essencial enfatizar que – contrariando a percepção comum que o mercado tem – o perfil ideal para líder de vendas não é aquele altamente executor e comunicador, que é desafiado por metas e tem muita influência. Segundo Ram Charan, há um *pipeline* de liderança: o líder gerencia sua jornada sendo líder de si, depois líder dos outros, líder de líderes e, por fim, líder corporativo.

Ao se tornar líder dos outros, um profissional precisa ter habilidades relacionadas ao **desenvolvimento de pessoas**, e isso exige alta capacidade de comunicação e entrega de resultados. No entanto, quando esse mesmo líder passa a exercer uma posição de líder de líderes, é natural exigir uma visão tática, muito presente em um perfil planejador e analítico.

Já ao assumir a posição de líder funcional, determina-se um perfil estratégico e ainda mais maestria na liderança situacional. Nesse caso, é vital que o líder tenha maior flexibilidade no perfil comportamental, transitando entre execução, comunicação, planejamento e análise de acordo com o desafio do momento.

No fim das contas, não existe perfil pior ou melhor. Ram Charan deixa claro: "O seu maior multiplicador é ter a pessoa certa no lugar certo".[42]

MINDMATCH: Além de ajudar nas sessões de coaching de carreira, esta ferramenta pode ser uma aliada no processo de seleção de talentos. O Mindmatch, criado pela Mindsight,[43] é um sistema que usa metodologias de *assessments* e algoritmos de *machine learning* para prever o potencial de performance com maior assertividade. A fim de mensurar o resultado do indivíduo, o sistema utiliza os resultados de uma bateria de testes psicométricos que buscam mapear diferentes facetas da pessoa, a fim de obter o perfil, as habilidades e as crenças culturais do profissional.

O primeiro ponto avaliado é o **fit cultural**. Ou seja, busca-se entender se o indivíduo e a empresa compartilham dos mesmos valores e concordam sobre o que é mais importante no ambiente profissional. Pessoas com maior fit cultural tendem a se sentir mais felizes no dia a dia e a permanecer por mais tempo na companhia.

O segundo ponto avaliado é o **raciocínio**, isto é, a capacidade mental de processar novas informações, formular conclusões e identificar padrões. Essa capacidade está relacionada à velocidade de aprendizado, pois mede a habilidade de realizar operações mentais.

Habilidades interpessoais é o terceiro fator avaliado e busca entender como a pessoa se comporta em diferentes contextos sociais e como lida com eles de maneira eficaz.

Motivacional é o quarto fator, e o teste ajuda a compreender se o indivíduo enfrenta o risco e se move em busca do sucesso ou se tem maior tendência a evitar o fracasso.

---

42 RAM Charan: conheça um dos grandes gurus de liderança. **FIA Business School**, s.d. Disponível em: https://fia.com.br/blog/ram-charan-conheca-um-dos-grandes-gurus-de-lideranca/. Acesso em: 18 jun. 2023.

43 SISTEMA completo e inteligente para gestão de pessoas. **Mindsight**, s.d. Disponível em: https://mindsight.com.br/. Acesso em: 18 jun. 2023.

Por fim, a avaliação dos **atributos** descreve a distinção e a singularidade de alguém com mais detalhes, com base nas características de cada um.

A melhor maneira de interpretar o perfil é com a junção de todos os elementos avaliados em um desenho integrado; por isso, a Mindsight transforma o resultado de todos os testes em dezesseis atributos construídos sob o modelo *big five* – teoria que define as dimensões que compõem a personalidade de uma pessoa.

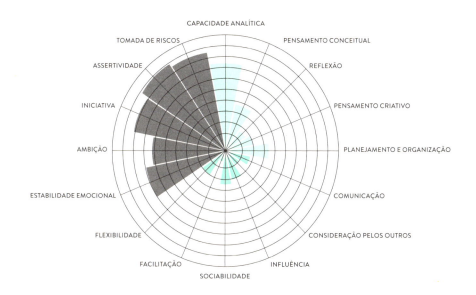

COLOCANDO AS SESSÕES DE COACHING EM PRÁTICA

Quanto aos rituais que devem compor as sessões de coaching de carreira, aconselho que estas sejam sempre individuais. Para colaboradores que finalizaram o onboarding, é recomendado dar preferência ao coaching de vendas antes de avançar para o coaching de carreira, já que o colaborador se dedicará ao que é importante e urgente, além de não criar expectativas prematuras a respeito de uma possível promoção.

Pode-se iniciar as sessões depois do ramp-up. Entretanto, oriento que a frequência seja definida com base no crescimento da operação. Se esta não vai crescer durante o ano, é ideal que as sessões ocorram a cada semestre, mantendo o foco em uma ou duas competências. No entanto, se a operação vai crescer rapidamente, é desejável que as sessões sejam trimestrais, com foco em três competências.

O processo de coaching de carreira tem uma anatomia muito similar ao de coaching de vendas, entretanto, no lugar do diagnóstico de gravações, existe o processo de identificação, que pode ser realizado por meio de testes e perguntas de ampliação de consciência que levarão o liderado a se autoavaliar de maneira coerente com a finalidade de criar um plano e desenvolvimento assertivo.

Note que as abordagens de coaching, independentemente do objetivo, partem da premissa de que o liderado deve chegar à conclusão de quais são seus pontos fortes e fracos e onde precisa alocar mais energia para se desenvolver, em vez de ter essas respostas escancaradas pelo coach. Tomar posse dessa consciência é fundamental para o sucesso das sessões e, como consequência, do sucesso futuro tanto do coachee quanto do líder de alta performance.

NÃO EXISTE UM PERFIL MELHOR OU PIOR; O QUE FAZ A DIFERENÇA É A CAPACIDADE DE O LÍDER COLOCAR A PESSOA CERTA NO LUGAR CERTO OU AJUDÁ-LA A DESENVOLVER AS COMPETÊNCIAS NECESSÁRIAS PARA ENFRENTAR DESAFIOS.

11.

O QUE É SER GESTOR DE VENDAS

"Entre a minha opinião e a sua, eu fico com a minha. Mas contra dados não há argumentos."

RICARDO OKINO

Depois de tudo o que estudamos sobre liderança, vamos dar uma pequena pausa e voltar nosso olhar para a gestão.

A necessidade de gerir operações em empresas surgiu na Revolução Industrial. Ainda com métodos e técnicas muito rudimentares, as informações eram reunidas no papel. Dois séculos depois, e cá estamos, com ferramentas capazes de coletar e armazenar dados em tempo real, e cruzá-los a ponto de nos mostrarem quais caminhos seguir. Talvez você pergunte: "Com tanta tecnologia, dados e informações à disposição, qual o real papel do novo gestor de vendas?".

A primeira questão ao redor da discussão do papel do gestor de vendas é desmistificar um pouco a visão que se tem desse profissional. Segundo a pesquisa[44] realizada pela Salario.com.br, por muitos anos os executivos que assumiram essa posição foram predominantemente homens, concentrando as maiores remunerações em executivos entre 40 e 60 anos. Grande parte desses profissionais tem formação superior, mas não específica em vendas, ou seja, a maioria dessas posições foi ocupada por generalistas ou de áreas correlatas. Isso porque, na prática, o mercado de trabalho foi sempre o principal formador de novos executivos.

Por muitas décadas, o papel do gestor de vendas foi muito direcionado à gestão do seu *pipeline* de negócios, ao relacionamento com clientes e às vendas de alto valor. Com o crescimento das startups de tecnologia, nas quais (quase sempre) o número de ofertas é menor do que a demanda, o crescimento acelerado de diversos tipos de negócio nos mais variados segmentos e tickets surge em uma velocidade muito alta.

De acordo com a Associação Brasileira de Startups,[45] de 2015 até 2019, o número saltou de uma média de 4.100 para 12.700 startups criadas, representando um aumento de 207%, e a pandemia não desacelerou esse processo de crescimento. Diante desse cenário e da evolução dessas startups (que só em 2021 captaram por volta de 10 bilhões de dólares), a área de vendas também mudou e passou a estar preparada para suportar esse hipercrescimento acelerado. Por consequência, o papel do gestor de vendas mudou vertiginosamente.

Se você é uma pessoa que sente fascínio por vendas e tudo aquilo que está relacionado a esse universo, então vai se apaixonar ao entender o universo do gestor de vendas. Vem comigo?

Apesar de parecer simples, não é uma questão trivial: a missão do gestor vai muito além de fazer uma análise de *pipeline* ou de criar relacionamento com clientes-chave. Também não basta ficar sentado esperando o sistema coletar dados e esperar que alguma coisa aconteça. Um gestor de vendas deve ser capaz de fazer o que a máquina não faz, como tomar decisões, analisar os números no contexto de pessoas, desenvolver e multiplicar processos e otimizar eficiência operacional com tecnologia. É preciso ter um olhar pragmático à realidade sem análises subjetivas ou com espaços para "achismos". Aqueles gestores que só planejam e não executam, ou que tentam consertar tudo no "gogó", já eram.

A figura do gestor de vendas é a personificação do conceito impecável de execução, que só é possível de acontecer quando o profissional tem os números ao lado, ancorando e direcionando as tomadas de decisões. Cabe ao gestor, portanto, analisar os dados e apontar o caminho que o time deverá trilhar.

Do outro lado da equação, no entanto, há alguns grandes desafios da gestão. Um deles é entender como obter esses números, o que mensurar e quais métricas fazem sentido ao analisar uma operação. A verdade é que, embora não exista uma única resposta certa, há estruturas gerais que inevitavelmente

---

45 MERCADO de startups ignora a pandemia e cresce no Brasil em 2021. Exame, 10 dez. 2021. Disponível em: https://exame.com/bussola/mercado-de-startups-ignora-a-pandemia-e-cresce-no-brasil-em-2021/. Acesso em: 18 jun. 2023.

se aplicam a todos os negócios. A viabilidade econômica, o ticket médio,[46] volume de novos clientes e faturamento de um negócio são pontos críticos para se ter uma visão clara em termos de quanta receita a empresa é capaz de gerar e do quanto é escalável e replicável como motor de crescimento. Outras métricas mais específicas, estejam elas voltadas para a análise de resultados ou de maneira preditiva, devem ser consideradas principalmente com base nos objetivos, na maturidade e em outros fatores variáveis da companhia e da operação.

Há ainda outro desafio muito comum, em especial para novos gestores ou para aqueles que têm perfil analítico: saber como tirar os dados do papel, convertê-los em ações assertivas e engajar o time em busca dos resultados esperados. Ou seja, como transformar os números em ações palpáveis.

Um primeiro passo muito importante é saber que o autoconhecimento é fundamental, principalmente para identificar as principais forças e desenvolver um plano para as fraquezas. Afinal, um gestor de vendas completo precisa ser capaz de ser protagonista do próprio desenvolvimento individual, desde o quê, por quê, quem, quando e como. Desse modo, com um plano bem elaborado para cumprir as suas atividades, munido de dados, criticidade e capacidade de análise aguçada, o gestor pode se tornar um dos executivos mais importantes da empresa, uma vez que pode identificar os gargalos com precisão e velocidade e agir sobre eles, ajustando processos e eliminando problemas que venham a surgir durante a execução. Quando o gestor é capaz de lançar um olhar abrangente para a operação, também pode definir com clareza o que deve ser priorizado, o que gerir e o que talvez não faça sentido naquele momento.

Há uma máxima no universo executivo a todos aqueles que já se sentiram impotentes para influenciar uma tomada de decisão importante: "Se você tem uma opinião e eu tenho outra, eu prefiro ficar com a minha". Isso acontece em toda e qualquer empresa. Não se trata de ego, cultura, hierarquia ou algo do tipo, mas, sim, de saber que visões divergentes baseadas em percepções individuais não são mais o suficiente para fazer acontecer. Se você quer validar uma ideia, ou influenciar uma decisão importante, então precisa de números. Não tem? Inicie um teste imediatamente, identifique a hipótese para a problemática e analise os

---

[46] Terminologias similares: cupom médio, valor médio, receita média, entre outras.

números dentro de um contexto específico. Dessa forma, você justifica o porquê de as pessoas precisarem gastar energia nela, usa os números e elabora um racional para mostrar por que é a melhor opção, ou, ao menos, uma opção com alto potencial – isso, por sua vez, serve de combustível para o time.

No fim das contas, uma gestão eficaz é aquela execução implacável, em que o gestor é capaz de estruturar processos, métodos e modelos de trabalho e tomar as melhores decisões baseadas em dados.

O DIA A DIA DE UM GESTOR

No dia a dia de um gestor de vendas, ficar alheio ao que está acontecendo internamente na empresa e olhar apenas os números enquanto novos cenários estão se formando é sentença de morte.

Uma das grandes tarefas do gestor de vendas é garantir que o time esteja gastando energia nas questões mais importantes do dia. Além disso, para que se tenha uma boa leitura do que está acontecendo, onde estão os principais gargalos, quais são as principais hipóteses e problemas, é necessário que a equipe tenha pleno conhecimento dos processos comerciais e seja capaz de seguir uma metodologia nas abordagens de vendas.

Posteriormente às ferramentas e aos processos adequados, o gestor de vendas tem que garantir que as ações aconteçam. Então, precisa ser capaz de garantir que alguns rituais de gestão aconteçam. Esses ritos comerciais são os famosos "ritmos do bumbo", aqueles que ditam velocidade, atenção e direcionamentos rápidos.

As rotinas comerciais existem em qualquer equipe da área, desde modelos mais tradicionais de acompanhamento – nas quais há um chefe que cobra o status do pessoal de vendas – às mais modernas metodologias de gestão de projetos e iniciativas. Independentemente da linha de trabalho (mais tradicional ou mais moderna), bem ou mal, essas rotinas garantem atenção aos resultados e compromisso com as atividades.

Assim como na vida fora do escritório, dentro dele é importante garantir que certos rituais aconteçam. No Google, por exemplo, aconteceu por um período o *Thank God It's Friday* (TGIF),[47] às sextas, aberto a todos que dele

---

47 HOW Google's TGIF Meetings Empower Employees. Nobl Academy, s.d. Disponível em: https://academy.nobl.io/how-googles-tgif-meetings-empower-employees/. Acesso em: 18 jun. 2023.

queriam participar, fosse virtual ou presencialmente. Era o espaço da semana usado para apontar prioridades, transmitir recados e dar palco aos colaboradores a fim de que apresentassem perguntas à liderança, sem qualquer tipo de censura. Esse é um exemplo de ritual que une o propósito funcional ao simbólico, uma vez que assuntos de trabalho são debatidos, mas temas de caráter pessoal também podem entrar em pauta. A grande sacada dessa estratégia é atribuir à liderança uma roupagem mais acessível e transparente, levando o time a comprar ideias, estabelecer confiança, engajar-se e comprometer-se com os resultados enquanto nutre a relação com seus superiores nesses momentos de descontração.

Ainda que indiretamente, esses ritos com caráter mais simbólico do que prático são formas de manutenção das relações interpessoais. E, mais do que isso, são necessários para entender quais sentimentos e sensações despertam para, em situações de crise, saber quais rituais ajudarão a reprimir ou reforçar determinados comportamentos.

Os rituais corporativos incluem ritos de passagem, valorização, renovação, redução de conflitos e de integração. A organização deles dependerá de fatores como a estrutura da empresa e o próprio estilo de gestão. A mesma consideração se aplica aos ritos operacionais, ou seja, aqueles que devem acontecer com frequência estabelecida para garantir que o trabalho seja realizado de modo adequado, como as reuniões diárias ou semanais com o time, 1:1, feedbacks, acompanhamentos de resultado etc. Embora as rotinas mudem, cabe ao gestor garantir que os ritos pertinentes às operações aconteçam regularmente.

HABILIDADES E CARACTERÍSTICAS NECESSÁRIAS

Gerir não é um dom, mas é preciso dominar algumas habilidades e, ao menos, conhecer de perto outras. A boa notícia é que se você não nasceu com o superpoder de manejar Excel avançado, ou com CRM em sua carga genética, isso pode ser desenvolvido. Somos bons no que treinamos e fazemos repetidamente, e ser um bom gestor também entra nessa regra.

De maneira geral, para se desempenhar uma gestão *data driven*, é necessário reunir algumas competências importantes, como capacidade analítica, boa comunicação e pensamento crítico. Além disso, nos dias de hoje, para uma atuação minimamente eficiente, deve-se ter noção de tecnologia, ferramentas de gestão de projeto e programas que deem suporte, eficiência e economia de tempo ao seu trabalho e de seus liderados.

Integração é a palavra-chave para otimizar muitos processos, e recorrer a ferramentas que possibilitam isso é um diferencial para alocar menos tempo em ações operacionais e mais energia em estratégias. O grande benefício da gestão 4.0 é poder gerenciar em escala sem precisar de mão de obra proporcional à quantidade de dados processados.

Além do repertório técnico, os gestores devem se comprometer com uma rotina de autodesenvolvimento e pesquisas. É o momento oportuno para fazer *benchmarking*; saber quais são as novidades do mercado em que opera; rastrear e suprir demandas em termos de habilidades; enfim, dedicar-se a nutrir noções que não necessariamente tenham relação direta com sua atuação, mas que forneçam um arcabouço de conhecimentos acionáveis para ser um profissional completo e capaz de combater diferentes batalhas, munido de diferentes armas.

Do outro lado dessa queda de braços pode ser que exista uma rotina cheia de compromissos, reuniões e trabalho – e o desenvolvimento pode acabar sendo negligenciado ou, em um cenário otimista, postergado. Dedicar um tempo para isso e comprometer-se com ele é proveitoso em muitas instâncias, principalmente se você fizer a curadoria certa do que precisa consumir nesses momentos.

Boa parte dos gestores que fazem isso porque gostam ou se sentem confortáveis nessa posição tem perfil analítico. No entanto, saber analisar sem que os números saiam das planilhas não leva o time a lugar algum. Isso, aliás, revela carência na capacidade de gestão de projetos e liderança de pessoas, já que é o capital humano da empresa que fará as mudanças necessárias acontecerem em termos operacionais.

Em modelos mais tradicionais de empresa ou em ramos mais conservadores, ser cobrado apenas por números ainda é comum; em contrapartida, quando focalizamos empresas tecnológicas, SaaS ou que atuam alinhadas a modelos de gestão contemporâneos, lidar apenas com números e não saber aplicar o contexto humano e liderar pessoas não é mais aceito. A posição de liderança nos times comerciais deve suprir a capacidade de gestão, de comunicação e ter habilidade para mover as pessoas nas direções esperadas.

Programação Neurolinguística e coaching são algumas áreas que devem ser estudadas para aperfeiçoar-se neste sentido.

Além do perfil analítico, há os gestores com prevalência de traços executores. Nem sempre esses perfis comportamentais caminham juntos, mas não dominar algumas habilidades presentes em ambos fará com que as coisas não aconteçam.

Capacidade analítica sem influência, liderança de pessoas e controle de execução não leva a lugar algum; assim como executar de modo desenfreado, sem medir os resultados e sem saber consistentemente o caminho trará resultados pobres e inconsistentes.

No fim das contas, gerenciar é como utilizar um machado: a pessoa que só executa colocará muita força, mas baterá em qualquer lugar; já aquele que apenas analisa vai mirar excessivamente, porém não empunhará vigor no trabalho. O bom gestor é capaz de unir o melhor dos dois mundos.

O QUE ACONTECE EM UMA GESTÃO RUIM?

Uma rápida pesquisa na internet revela uma série de estudos e dados apontando a relação direta entre gestão e produtividade.[49] Um gestor pode impulsionar ou matar os resultados gerados pelos liderados, carregando esse poder em suas mãos; deve, portanto, recorrer a estratégias que fomentem não apenas o volume, mas a qualidade do serviço prestado por aqueles que estão sob seu comando.

Uma de suas atribuições como gestor é acompanhar indicadores de produtividade. Em face dos números gerados pelos trabalhadores, o gestor passa a tangibilizar os resultados de cada um e estabelecer os planos de ação para cada resultado – é quando ele consegue ter uma interferência real nos resultados. Há diferentes pontos de controle possíveis para visualizar os dados gerados, como *dashboards*, rotinas de reporte e acompanhento, além de iniciativas de gestão à vista que possibilitarão a avaliação de desempenho.

Nos próximos capítulos, você terá uma visão mais detalhada de como e o que avaliar em uma operação comercial. Por enquanto, porém, é seguro afirmar que o calcanhar de aquiles de qualquer gestor é sua incapacidade de mensurar dados e acompanhar o quanto seu time entrega, em qual ritmo, sob quais variáveis e em quais circunstâncias.

Construir uma cultura de gerenciamento de desempenho forte e bem executada, e garantir a manutenção dela, é uma das principais formas de um gestor impactar os resultados do negócio. Um sistema bem projetado permite reuniões regulares entre as partes, oferecendo mecanismos para atribuir objetivos de desempenho claros e mensuráveis, bem como uma oportunidade de orientação.

A relação entre a manutenção da cultura de alto desempenho e a produtividade pode parecer óbvia, mas ela ainda é negligenciada. Afinal, como motivar colaboradores por meio da gestão de desempenho? A resposta está em um movimento em direção a processos ágeis de gerenciamento de desempenho ocupando o lugar de feedbacks estruturados anuais. Isso permite não apenas uma identificação mais fácil do baixo desempenho e sua rápida intervenção, mas também a comemoração do sucesso e uma garantia para o funcionário de que existe um caminho óbvio ao crescimento e desenvolvimento pessoal dentro da organização. Assim como um bom gestor estimula bons resultados, um mau gestor pode provocar resultados decadentes.

Embora as definições de ineficácia em termos corporativos sejam amplas – desde a falta de comunicação até a falta de integridade –, os efeitos disso podem ser extremamente prejudiciais. Na verdade, a má gestão não afeta apenas a produtividade dos colaboradores; também implica consequências indiretas para a inovação da organização e a capacidade de adaptação às mudanças de mercado.

Outro impacto direto da má gestão é o estresse do colaborador, que pode ser desencadeado por instâncias de um relacionamento tenso com um supervisor ou uma carga de trabalho impossível de ser executada. A má comunicação – seja a falta de instrução direta, seja a incapacidade de dar uma orientação adequada – também pode contribuir para a baixa produtividade. O ressentimento e a cultura da culpa são características tóxicas que provavelmente resultarão em uma força de trabalho menos enérgica que se preocupa menos com sua qualidade de trabalho e seu nível operacional geral.

PRINCIPAIS DESAFIOS ENFRENTADOS POR GESTORES DE VENDAS

De longe, o que considero mais desafiador na gestão é lidar com pessoas. O comportamento humano é muito complexo e nem sempre pode ser mensurado em números. Mesmo quem age por repetição frequentemente está sujeito a muitos fatores que podem resultar em uma quebra de padrão inesperada e, talvez, em redução de produtividade. Não se trata de enxergar indivíduos como máquinas programáveis, mas de entender minimamente como eles funcionam.

Para a nossa sorte, diversos pesquisadores neurocientistas já se debruçaram sobre o tema e produziram muita literatura acerca dos comportamentos organizacionais. O presenteísmo,[50] por exemplo, é um dos possíveis resultados de trabalhadores desmotivados ou sob uma gestão ruim. O termo se refere à ação de o time estar presente no local de trabalho, mas não executando o que precisa, da maneira e com a frequência que deve.

Os desafios terão maior ou menor grau de acordo com as habilidades, competências, traços comportamentais e perfis de cada gestor. Alguns entendem que a maior dificuldade é incorporar consistentemente uma cultura de dados, enquanto outros julgam desafiador motivar equipes. A verdade é que, quando assumimos posições de liderança, nem sempre estamos maduros o suficiente para isso.

Não é raro que o recém-gestor sequer saiba qual será o próximo passo, o que deve medir e como fazê-lo, já que muitas vezes ele chega ao cargo sem o preparo necessário para que se torne capaz de liderar pessoas. Se esse for o seu caso, não deixe que isso se torne um problema: desenvolva-se sobretudo nas habilidades que sente falta, deixe o ego de lado e reconheça que precisamos evoluir de modo constante para impactar positivamente a economia do negócio e o trabalho dos colaboradores sob nossa gestão.

Outro desafio inerente a qualquer gestor, independentemente da maturidade dele no cargo ou das habilidades, é se manter sempre atualizado. As bases teóricas da gestão são clássicas e pouco maleáveis, mas o meio de aplicá-las, as ferramentas à disposição e o próprio comportamento humano que imprime diferentes formas de consumo mudam de maneira relativamente rápida. Acompanhar essas mudanças e estar atualizado é um modo, inclusive, de ter segurança no trabalho e permanecer interessante para o mercado.

Nessa esteira temos, enfim, o desafio de sentar-se na cadeira de gestor e não saber qual o próximo movimento a se fazer. Uma figura constante no mercado é a pessoa que assumiu o cargo de gestor há pouco tempo e não sabe como reportar números à diretoria — pode ser alguém comunicativo, mas que desconheça como tangibilizar os resultados na prática. E o inverso também é verdadeiro: existe quem reporte bem números, mas não saiba como liderar pessoas.

Claro que esse assunto renderia muitas páginas, contudo o objetivo não é esgotar a lista de desafios que os novos gestores enfrentam, porém lançar um pouco de luz sobre alguns que podem ser problemáticos se não forem resolvidos. Dito isso, a boa notícia é que há um caminho estruturado para ser um gestor de alta performance, que opera bem em todas as frentes. Não é preciso ser um gênio, mas é necessário dedicar-se nessa trilha de aprendizados necessários para entregar o que precisa ser entregue.

COMO SABER SE UMA PESSOA ESTÁ ALINHADA À MISSÃO?

Há dois cenários possíveis para pensarmos o quanto uma pessoa está alinhada à missão da empresa, e isso se inicia ainda durante a contratação. O primeiro é pensado em termos de empresa; está relacionado a fazer as perguntas certas e avaliar o quanto o perfil do profissional vai ao encontro do que a organização busca, precisa e valoriza. O segundo refere-se a cargo: entender se você, enquanto gestor, está alinhado à posição que está prestes a assumir, que assumiu há pouco ou até mesmo que ocupa faz um bom tempo.

Sentir-se desafiado, estimulado a caminhar por veredas eventualmente inexploradas e saber que pode contribuir para resultados positivos no seu cargo são alguns sinais de que a sua missão vai ao encontro da sua liderança. Conhecer os valores da empresa e cruzá-los com os seus também é um exercício importante para se fazer antes de assumir uma posição.

Em termos práticos, saber se você está pronto para enfrentar o desafio do cargo compete ter autoconhecimento e olhar para si mesmo, realizando uma autoavaliação de missão pessoal enquanto avalia o que já tem; o que o cargo exigirá de você e o que fará com o *gap* entre os dois polos. Ser movido apenas por dinheiro pode fazer você entregar apenas o suficiente. Veremos tudo isso na prática, além de alguns segredos sobre o mundo das vendas.

INTEGRAÇÃO É A PALAVRA--CHAVE PARA OTIMIZAR MUITOS PROCESSOS, E RECORRER A FERRAMENTAS QUE POSSIBILITAM ISSO É UM DIFERENCIAL PARA ALOCAR MENOS TEMPO EM AÇÕES OPERACIONAIS E MAIS ENERGIA EM ESTRATÉGIAS.

12.
UM CASE REAL NO PROCESSO DE VENDAS

Em uma das startups nas quais trabalhei, assumi um grande desafio de escalar um time de vendas do zero, com a necessidade de dobrar o resultado de crescimento da empresa em um curto espaço de tempo. Além disso, havia um questionamento muito grande sobre a real necessidade de implementar um time de inside sales, visto que o produto vendido tinha um mercado endereçável muito amplo e um ticket médio baixo.

No início da estruturação, não tínhamos colaboradores qualificados o suficiente para suprir as necessidades, pois, na cidade na qual a companhia era sediada, a principal especialização dos profissionais da área era na indústria. Havia também um desafio regional de localização, que limitava a nossa contratação, e, por fim, um orçamento relativamente baixo, em razão da característica do ticket médio do serviço.

Com base nesse contexto, minha principal estratégia foi contratar pessoas da área comercial com uma barra mais baixa, indivíduos que estavam em sua primeira ou segunda experiência profissional, para então desenvolvê-los dentro da empresa.

Nessa operação, montei um time de inside sales que foi de quatro a 97 pessoas em seis meses. Nesse período, fiz mais de trezentas entrevistas, e aqui começa a primeira parte do aprendizado sobre processos: **o de contratação e seleção de pessoas, como já apresentado no capítulo 6**.

Além das contratações, tive que rapidamente criar um processo de vendas que fosse replicável, refletindo a nossa jornada e que pudesse treinar todos os novos colaboradores. Apostei no desenvolvimento de um pitch de vendas baseado em metodologias preexistentes. Esse segundo bloco – **processos e desenvolvimento comercial** – foi outro grande aprendizado.

Por fim, precisei concentrar todas as minhas energias na aplicação tecnológica e de dados do processo comercial para que pudéssemos ter visibilidade clara de todo o desenvolvimento de negócios – etapa na qual entra o último bloco de aprendizados: **a eficácia de processos com tecnologia**.

Na minha visão, identificar o que precisa ser feito para obter resultados e gerir com excelência são ações atreladas a **olhar o processo de vendas de uma forma parecida com o processo industrial**. Ou seja, entendendo que todo processo tem um começo, um meio e um fim, e que o meio representa o trabalho e as estações especializadas, conceito em que acredito e sigo em uma visão muito similar à de Andrew S. Grove, autor de *Gestão de alta performance*.[51]

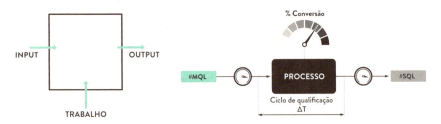

Esse é um exemplo de um processo de qualificação de vendas. Entrada (input) de MQLs (Leads Qualificados de Marketing) e saída de SQL (Leads Qualificados de Vendas). Entre a entrada e a saída, podemos avaliar a porcentagem de conversão e o tempo médio de duração do processo.

Em vendas, assim como no processo industrial, o começo representa todos os inputs que o gestor tem à mão. O meio, ou seja, o processo, são todos os trabalhos que precisam ser realizados para chegar ao resultado. E o fim é o produto acabado ou os resultados obtidos. Especificamente em operações comerciais, a entrada pode ser uma lista de prospecção, uma lista fria, leads (se a operação for *inbound*) ou outros vários tipos de insumo. Ao saber a entrada de cada um desses insumos, é possível entender qual trabalho precisa ser feito e o que deve ser entregue.

---

[51] GROVE, A. S. *Gestão de alta performance*: tudo o que um gestor precisa saber para gerenciar equipes e manter o foco em resultados. São Paulo: Benvirá, 2020.

O resultado dessa operação foi o seguinte: em seis meses, conseguimos de fato alcançar os objetivos de crescimento estabelecidos naquele ano da empresa, provamos o valor e incrementamos a receita do time de inside sales, tudo isso com muitos aprendizados de eficiência e eficácia comercial.

O QUE NINGUÉM LHE CONTOU SOBRE VENDAS?

Provavelmente, a resposta à pergunta que dá nome a esta seção é: os equívocos na construção de um processo. Para fazer a especialização de processos gerar mais resultados, é necessário aprender muito com os erros (e de maneira estruturada).

Para tal, é importante adquirir uma mentalidade científica, ou seja, analisar os fatos objetiva e racionalmente, e ter uma visão sistêmica. Nessa linha de raciocínio, qualquer opinião vira uma hipótese, e um conjunto desta pode se tornar um objeto de estudo e análise para se evidenciar um problema. Dentro dessa ótica, vou transmitir alguns aprendizados sobre processos da área comercial, tudo com base na minha experiência.

PROCESSO DE CONTRATAÇÃO E SELEÇÃO

Quando comecei a buscar profissionais de vendas, levantei uma série de hipóteses que eu havia lido ou recebido como conselho, desde as mais tradicionais (como buscar alguém que estudou fora e em faculdade de ponta) até algumas mais sofisticadas (por exemplo, contratar apenas quem tem DI alto no teste comportamental DISC). Eu contratei muita gente, então tive a oportunidade de validar estatisticamente algumas dessas premissas, e posso afirmar que nenhuma delas funcionou para mim.

A única solução que fez sentido foi a que testei do método Sales Hiring Formula de Mark Roberge.[52] Basicamente, listamos um conjunto de características dos melhores vendedores no meu time e criamos um score para cada uma delas. Dessa forma, eu tinha uma nota média de 71, de um máximo de 100. Nesse processo de contratação de inside sales, o que percebi foi que pessoas que de fato precisavam trabalhar para se sustentar tinham grandes ambições e alta capacidade de aprender e executar – eram as que mais entregavam resultados. Depois de notar isso, não contratamos mais ninguém com

---

52 ROBERGE, M. The Sales Acceleration Formula: Using Data, Technology, and Inbound Selling to Go from $0 to $100 Million. Nova Jersey: Wiley, 2015.

uma nota abaixo de 71. Elaboramos perguntas específicas, então calibrávamos a nota com pelo menos dois líderes de vendas para chegarmos ao conceito final. Sabíamos, então, quando havíamos aumentado ou diminuído a barra de contratação. Isso funcionou muito bem: todos que contratamos nessa faixa entregavam resultados mais rapidamente no nosso programa de ramp-up. A título de comparação, quando contratávamos alguém dentro desse score, o ramp-up era três vezes mais rápido do que o da média!

O grande aprendizado sobre isso é que sempre se deve buscar por um processo que funcione para a sua empresa, e não acreditar fielmente em crenças ou convicções que funcionam para outros.

PROCESSO DE RAMP-UP E DESENVOLVIMENTO COMERCIAL

Na primeira vez em que atuei com uma iniciativa no processo de ramp-up, tive um resultado um tanto quanto desastroso. Isso porque deixei de lado a visão sistêmica e perdi um pouco de contexto humano na época.

Havíamos acabado de contratar um grupo de três Sales Development Reps (SDRs) com score acima de 70, ou seja, eram o perfil que a gente buscava. Aproveitando a oportunidade, fui fazer uma análise de rampagem e constatei o fato de que os SDRs que iniciavam na empresa convertiam de 30 a 40% menos os leads em oportunidades de negócio no seu primeiro mês.

Minha hipótese foi: "Já que eles realmente perdem muitos negócios no começo, é melhor distribuir para eles os leads C e deixar os leads A com os que já estão 'rampados'". Os leads de categoria C convertiam 1% em oportunidades, diante dos de categoria A, que chegavam a 20-25%. Resultado: os SDRs pediram demissão em três semanas, pois entenderam que seria quase impossível entregar um resultado consistente. Um aprendizado importante sobre o ramp-up: sempre dê as mesmas condições e oportunidades a todos, incluindo treinamento, capacitações e qualidade de leads.

Em relação ao treinamento e desenvolvimento comercial, você pode se surpreender com o impacto disso no resultado. Em nossa saga por melhoria de performance, avaliávamos constantemente o percentual de satisfação dos treinamentos em um cálculo ponderado para, então, buscarmos a correlação direta com o resultado.

A pergunta de avaliação era simples: "De 0 a 10, quanto você se sente preparado no tema skill de venda depois deste treinamento?". Agrupamos as ponderações da seguinte maneira: de 0 a 6 – necessito de mais treinamento; de 7 a 8 – atendeu à expectativa; 9 e 10 – superou a expectativa. Depois do cálculo, sempre analisamos o agrupamento do impacto das respostas com os resultados que gostaríamos de avaliar, como o exemplo a seguir:

RESULTADO DO TREINAMENTO RELACIONADO AO DESENVOLVIMENTO DE SKILL DE VENDAS	NECESSITO DE MAIS TREINAMENTO	ATENDEU À EXPECTATIVA	SUPEROU A EXPECTATIVA
% de negócios ganhos	40%	48%	52%
% de negócios perdidos	34%	28%	25%
% de negócios em aberto	26%	24%	23%

A tabela mostra a correlação entre sensação de preparo nas habilidades de vendas *versus* taxas de ganho, perda e contas em aberto no funil.

Outro ponto importante para o progresso do time foram as sessões de coaching técnico – um programa individual focado no desenvolvimento técnico de cada colaborador. Buscamos incessantemente pela mesma correlação de sensação de satisfação e preparo do programa com o atingimento de resultados. Dessa forma, sabíamos que quanto mais efetivo o programa, melhores seriam os resultados.

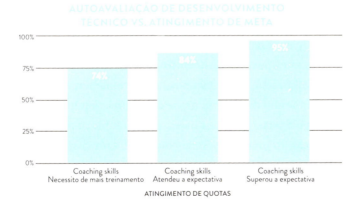

O gráfico mostra a correlação de profissionais que trabalharam o coaching técnico de desenvolvimento *versus* a média de atingimento e alcance de metas. Profissionais que se sentem mais preparados entregam mais resultados.

Tirando o episódio dos desligamentos involuntários dos SDRs, algo que me chamou atenção foi o fato de que o trabalho deles era bastante pesado, pois faziam cerca de 120 ligações efetivas por dia e geravam mais de duzentas oportunidades de negócio por mês. Então, era uma área em que, se eu não atuasse diretamente, haveria um *turnover* alto, pois as pessoas se cansavam do trabalho. E o mesmo foi notado em colaboradores de inside sales. Eu já havia percebido que o tempo médio de permanência deles no time era de 1,5 ano.

Dessa forma, o nosso processo estava bastante claro: contratação constante de SDR's, treinamento, capacitação e distribuição igualitária. Seria, então, provável que em alguns meses estivessem em alguma posição de inside sales. Ao focar nossa atenção para os pontos certos, nunca mais sofremos com ramp-up.

Outro ponto para se obter o máximo de resultados no desenvolvimento comercial é criar e formalizar todos os seus processos comerciais com o passo a passo do que deve ser feito. Nessa hora o "ótimo é inimigo do bom", é claro, então primeiro crie e estabeleça o processo. Depois, é imprescindível que o processo seja refletido em um CRM. A tecnologia pode trabalhar muito a favor de um processo de vendas bem construído, principalmente no processo de rampagem. Quanto maior o uso de tecnologia para evitar burocracias, maior a adoção da equipe comercial. As regras de negócio devem ser implementadas de forma automatizada e dentro do *pipeline* comercial.

Depois de definir os processos e treinar todo o time, manter a abordagem comercial sempre em dia na cabeça do vendedor também é um desafio. Por isso, recomendo que após ter construído o processo, treinado o time, criado os fluxos de trabalho, a busca por tecnologia é extremamente importante para acelerar o desempenho do time, e nesse contexto existem diversas aplicações. Utilizando o Spotter da Exact Sales, por exemplo, é possível aplicar as orientações táticas do pitch comercial conforme o processo de qualificação vai evoluindo diretamente na ferramenta.

Para garantir um bom desenvolvimento comercial, especialmente no processo de rampagem, é necessário então obter um programa de treinamento e acompanhamento na entrada de novos vendedores, além dos processos comerciais especificados e aplicados no CRM para se obter o máximo desenvolvimento.

EFICÁCIA COMERCIAL

Depois dos seis primeiros meses de uma operação de inside sales de 97 pessoas, a um custo relativamente alto, começam as cobranças por uma melhor performance do time comercial. Algumas hipóteses que valem ser compartilhadas são: fizemos alguns testes A/B na operação de inside sales. O primeiro deles foi entender o impacto de ter um SDR mais um inside sales para realizar uma venda. O resultado primário foi: 30% a mais na conversão de vendas e 20% a mais na criação de negócios; interessante, a especialização de fato entrega mais resultado, mas precisávamos ainda melhorar esses números. Outro resultado obtido com o teste A/B: tínhamos um grupo de controle em que 5% dos leads não passavam por vendas e testavam o modelo Product Led Growth (PLG), típico Self Service. Esse grupo, apesar de não ter o custo de vendas, convertia 35% menos, mas também desempenhava impacto no ciclo médio mais longo e ticket médio mais baixo no total do contrato.

Havia, porém, um ponto que me tirava o sono. De tempos em tempos, eu ouvia um silêncio profundo na sala de vendas, e nós éramos 97 pessoas! Isso chegava a me dar um frio na espinha. Na busca por maior eficácia, começamos a listar algumas hipóteses e fazer algumas análises; então, construímos um primeiro *dashboard* de trabalho do time de inside sales. Importante ressaltar a necessidade de usar um bom CRM, com atividades integradas a ele; caso contrário, esse processo seria impossível.

A primeira constatação intrigante que levantamos foi a quantidade de "horas faladas" por cada integrante do time, que chegavam a uma média incrível de uma hora e dois minutos. Eu, de maneira alguma, queria ser um "gerente de call center", mas uma hora falada por dia dentro de oito horas de trabalho me parecia um tempo muito baixo. Comecei, então, a investigar mais e entender por que essas horas eram tão reduzidas. A princípio, o pessoal executava todas as cadências de vendas, mas lembro-me bem de perguntar a um dos meus liderados que era líder de uma equipe: "Seu time cumpre todas as cadências de vendas?". Obviamente, a resposta dele foi "não".

Então, não tínhamos como garantir que isso acontecia e, quando olhamos para o nosso maior gargalo, percebemos que ele estava no topo do funil. Na época, recebíamos uns 25 mil leads ao mês, e conseguíamos falar apenas com 40-50% do total. Os principais motivos de perda eram: "Não atendeu", "caixa postal" e "ocupado". Esse foi o principal insight para buscarmos um parceiro tecnológico que nos auxiliasse com tecnologia de discagem.

Em 2015, conheci o Luciano e o João Andrade, atuais fundadores da SaltCode,[53] que desenvolveram uma solução de ponta para nosso time de inside sales. Primeiro, criamos um sistema de distribuição de leads para os SDRs que priorizava a disponibilidade de cada um deles em vez de distribuição de carteira. Depois, automatizamos o processo de discagem com um fator de aceleração.

Comecei isso em teste A/B: um time com e outro sem o discador. A equipe com discador bateu meta do mês em menos de quinze dias. Nós acabamos com o conceito de "agendamento", pois nossa ligação era tão rápida e eficiente que a transferíamos para os inside sales na mesma hora, com o lead pós-qualificado e aquecido. Resultado: a quantidade média de horas faladas aumentou para quatro horas. Um fato adicional que pude constatar é que, quando ligávamos pela primeira vez em menos de cinco minutos, a conversão de vendas era 20% maior.

REDUZINDO "*NO SHOW*" E RESOLVENDO *HANDOFF*

Desenvolvemos uma fila de atendimentos em que pudemos saber quem estava disponível. Depois de o lead ser aquecido e qualificado, o transferíamos no mesmo momento para o time de inside sales, com toda interface de informação e já integrado ao CRM. Veja um exemplo de fila de transferências e agendamento criado pela SaltCode para monitorar disponibilidade de profissionais intra-áreas.

Com uma fila visível e estruturada, conseguíamos estabelecer um processo de passagem claro em tempo real, pois cada pré-vendedor SDR podia avaliar a disponibilidade imediata de vendedores, além de mudar o processo de distribuição de oportunidades com uma lógica de disponibilidade em vez de "carteira" — ou seja, a quem estava disponível na "fila", e não necessariamente ao próximo da lista.

Isso fazia cada um se organizar com relação à estruturação de agenda de trabalho para quanto tempo permanecer na fila e fazer *follow-up* com potenciais clientes.

PRODUTIVIDADE E ASSERTIVIDADE

Em uma pesquisa realizada pela Vendasta,[34] notamos que a chance de qualificar e converter um lead entrando em contato com esse profissional depois de cinco minutos cai em 80%. Isso porque ele "esfria". Com base nessa premissa, concluímos que a velocidade de primeiro contato e a quantidade de tentativas para cada lead era vital para manter uma boa taxa de conversão de leads para oportunidades de vendas. Como toda iniciativa, se não houvesse indicador não teríamos gestão, portanto criamos *dashboards* de métricas de trabalho para acompanhamento.

Repare nos exemplos de indicadores de gestão a seguir. O primeiro de um *dashboard* criado pelo Vinicius Candil, na época meu Sales Ops e atual fundador da Analisou.com, com meta de "Response Time – Tempo médio de primeiro contato". Taxa de cobertura: primeira tentativa realizada ao longo dos dias. E o segundo um *dashboard* em que monitoramos a quantidade de ligações intra-hora *versus* taxa de contato efetivo.

Outra iniciativa que vale ser pontuada foi a análise de lead scoring, um conjunto de variáveis proposto pelo nosso time de Sales Ops, em que depois de alguns meses concluímos grupos de leads que mereciam uma cadência mais high touch (ou seja, uma frequência maior de comunicação humana) e outra low touch (menos ou nenhuma necessidade de interação humana), pois a conversão era muito menor e o custo não valia a pena. Fizemos isso analisando os tipos de interação com os leads *versus* o engajamento e resultado obtido em cada uma delas. Veja um exemplo de análise de engajamento e ganhos por tipo de atividade da Meetime.

Com base nisso, iniciamos uma nova cadência de trabalho para os pré-vendedores, colocando maior intensidade em leads com maior potencial de fechamento e cadências mais *one to many* em leads com menor potencial de fechamento. Veja agora um exemplo de estruturação de cadências mistas de menor intensidade de ligação, construídas pelo sistema Meetime.

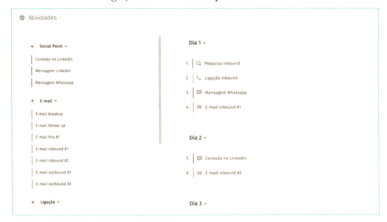

Ao final desse ano, reduzimos o time de inside de 97 para 42 pessoas e continuamos crescendo 100% ano sobre ano.

Quando o assunto é produtividade e assertividade, não basta ser analítico somente em relação à capacidade produtiva do seu time. Avaliar outras derivações sobre a forma de executar o trabalho e a qualidade dos insumos de vendas é extremamente importante. Para ter mais assertividade, o gestor de vendas deve questionar e analisar sempre a origem dos leads e as suas derivações, como: conversões por região, por vertical, por motivos de interesse na empresa, por *pain points* (dores), e assim por diante. É essencial que essas análises sejam dinâmicas ou em tempo real dependendo das características de cada negócio.

Para obter maior produtividade e assertividade, utilize os dados a seu favor. Todo o trabalho executado no dia a dia da sua operação pode e deve ser mensurado, não com o objetivo de se fazer microgestão, e sim de buscar maiores oportunidades de investimento de recursos, tempo e energia onde você realmente irá obter retorno.

ESPECIALIZAÇÃO DE TRABALHO

Provavelmente, ninguém lhe contou ainda que **especialização gera mais resultado**. Quanto mais especializado for o processo, mais resultado a empresa terá, em especial quando falamos da área comercial. Especializar o seu time por tipo de trabalho e processo pode ser uma das melhores decisões para se ter mais resultados.

Certa vez, deixei meu time de inside sales em trabalho híbrido em canais de atendimento: ligação e chat. Foi um desastre total – pararam de ligar e, como consequência, as vendas caíram. Depois, fizemos outro teste: um time dedicou-se somente ao chat e outro à ligação: sucesso! A equipe de chat tinha SLA de atendimento, velocidade de resposta, fila de atendimento, ferramentas apropriadas e templates prontos, assim como o time de ligação tinha o stack (lista de ferramentas) de discagem. Ao longo do tempo, o responsável pelos canais "receptivos", chat e 0800 representou 50% das vendas. (Aliás, se estiver na dúvida sobre qual canal utilizar, lembre-se de que é melhor fazer o básico bem-feito do que muitas coisas malfeitas.)

Quando se fala de pré-vendas, os processos são diferentes dos da área de vendas. A primeira etapa se concentra em prospectar e qualificar os potenciais clientes – normalmente, momento de que os vendedores não gostam. A forma de atribuir eficácia às operações, de modo geral, é montar equipes que estejam olhando para algo em específico, ou seja: ter um time só de pré-vendas, um apenas de vendas e outro destinado ao pós-venda, se compatível com o tamanho da operação. Especializá-los vai ajudar você a entregar mais resultados e atribuir eficiência à gestão.

Se o assunto é aumentar a eficácia da operação, pensando na análise do processo, o primeiro tópico que deve ser considerado é a **qualidade do lead ou prospect**. Algumas questões que podem ser levantadas são: "Será que onde o time está investindo para gerar lead, por exemplo, é o melhor lugar? A lista de prospecção está dando resultado satisfatório?". Com base nessa ótica, deve-se olhar o quanto entra e o quanto sai. Muitas vezes, você chegará à conclusão de que não está bom, mas poderá estar convicto de que este é o caminho para a geração de demanda de que precisa. Se o resultado está ruim, mas você sabe que é o processo necessário, então o próximo passo é olhar para as estações de trabalho para entender o que está sendo feito no meio de tudo isso e identificar onde o resultado não está sendo entregue ou o que o está impedindo.

Mas é aí que muitos gestores falham: olham só para o que entra de insumo e para o que sai de resultado, sem ter uma visão clara do que acontece no meio ou qual tipo de trabalho está sendo utilizado e como os insumos são tratados. Na prática, para entregar mais eficácia nas iniciativas, o gestor precisa saber exatamente quais são todos os trabalhos que acontecem, como ele pode otimizar e controlar cada um deles e quais processos mais geram os melhores resultados. Por exemplo: em algumas empresas, a visita presencial gera mais conversão; em outras, contato telefônico é mais relevante – cabe ao gestor saber quais são as estações de trabalho e os processos conduzidos para ser capaz de controlar o cenário e saber como pode interferir para entregar mais resultado. Chamamos isso de *leading indicators*, ou indicadores de previsibilidade, os quais garantirão antever e atuar em problemas que interferem diretamente nos resultados.

COMO NÃO FICAR PARA TRÁS E SE DESENVOLVER NO QUE NÃO SE DOMINA

Quando se fala em equipe comercial, muitas vezes o profissional e o próprio gestor podem não saber no que precisam melhorar, ou seja, são inconscientes de suas defasagens e carências. O grande truque para garantir que eu não estou atrasado em relação às tendências de mercado e aos meus conhecimentos, e algo que sempre gosto de enfatizar e que aprendi com um grande executivo, é que todo gestor precisa perseguir sistematicamente a seguinte tríade:

- » **ESTUDO:** Criar sua roda de competências e buscar os conteúdos relevantes de que precisa para se desenvolver, bem como descobrir quais são as competências, habilidades e atitudes que deveria ter.
- » **NETWORKING:** Ser capaz de fazer *benchmarking* com outras empresas e pessoas do mercado utilizando os números que têm para entender o que elas estão entregando e o que o gestor não está. Nem sempre o melhor *benchmarking* deve ser feito com um concorrente direto. Às vezes, organizações da mesma vertical ou do mesmo ticket médio podem dar um melhor norte sobre como entregam os resultados e quais são as taxas de conversões, como os processos são feitos. Com base nisso, deve-se selecionar o que você pode implementar.
- » **PRÁTICA E MENTORIA:** Ter experiência prática e mentores ajudará você a encurtar seu caminho se escolher profissionais que já passaram por desafios parecidos. Eles já erraram e acertaram e lhe mostrarão o que funciona e o que não funciona. Você pode replicar o que gera resultado e evitar o que vai demandar muita energia e gerar pouco ou nenhum ganho.

A junção desses três elementos indicará exatamente o que você precisa saber.

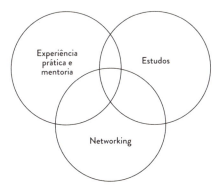

Em termos práticos, se aprofundar no seu processo e nos números da sua operação comercial, além de criar especialização, são atitudes que farão você tomar decisões mais assertivas e que geram impacto imediato nos seus resultados.

13. A ESTRATÉGIA COMERCIAL INFALÍVEL

nside sales, field sales, account-based marketing... como definir qual é a melhor estratégia comercial para a sua operação?

Há diferentes estudos e literaturas que apontam o quanto um modelo se sobressai em relação ao outro; ou que, para ter sucesso, obrigatoriamente é preciso ter uma área de qualificação e uma de vendas na companhia. No entanto, há um detalhe importante que nem sempre é considerado: a relação econômica da operação. A estratégia comercial infalível sempre será aquela em que o custo é menor do que a receita que o cliente gera ao longo do tempo, independentemente de seu formato.

Em termos práticos, estamos falando aqui de um dos maiores implicadores da estratégia comercial: o Custo de Aquisição do Cliente (CAC), que é um cálculo composto pela soma de todos os investimentos de marketing e vendas dividido pelo número de novos clientes. Repare a seguir.

$$CAC = \frac{(\text{INVESTIMENTO EM MARKETING} + \text{INVESTIMENTO EM VENDAS})}{\text{N. DE NOVOS CLIENTES}}$$

Dessa forma, conseguimos saber quanto custou trazer cada cliente por meio de determinada estratégia. No entanto, não é só o CAC que importa, o Lifetime Value (LTV) é igualmente essencial para entender a relação entre eles, ou seja, quanto custa trazer um novo cliente e quanto de receita ele gera ao longo do tempo. Essa relação de LTV/CAC traz um cálculo de Return Over Investment

(ROI), ou retorno do investimento, que nos informa qual é o múltiplo de retorno que a empresa tem ao investir em determinada iniciativa.

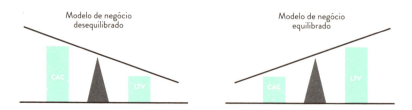

Não se trata, portanto, de escolher um modelo específico que deve ser replicado em todas as companhias, mas conhecer e aplicar a equação que prova que o custo de aquisição do cliente seja o menor possível.

Evidentemente, quanto maior a complexidade da venda, maior a necessidade de interações com o cliente e menor o volume de negócios fechados. Quanto maior a necessidade de interação, maior o CAC e menor o volume de negócios, conforme o gráfico de David Skok da For Entrepreneurs.[55]

Se você estiver estruturando uma operação do zero, mas não tem sequer ideia de onde começar, é importante fazer algumas estimativas, com base em *benchmark*, considerando os custos envolvidos no formato que pretende implementar e no retorno que ele tende a dar. Se você pretende apostar em

---

55 SKOK, D. SaaS Metrics 2.0 – Detailed Definitions. For Entrepreneurs, s.d. Disponível em: https://www.forentrepreneurs.com/saas-metrics-2-definitions-2/. Acesso em: 18 jun. 2023.

field sales, por exemplo, considere quantas visitas um vendedor presencial consegue fazer por dia; dessas visitas, quantas avançarão para uma proposta; quantos negócios serão fechados em um período; e quanto gerarão de receita. No fim da análise, a ótica deve ser sempre sobre quanto se gastou para suportar as iniciativas e o quanto se gerou de receita – essa lógica se aplica também a negócios em que os clientes geram receita recorrente ou transacional –, e esse número avalia quanto um cliente compra ao longo de um período.

CAC *PAYBACK* É CHAVE

Para ter um caixa saudável, a área comercial precisa ter ROI de pelo menos dois ou três sobre todas as iniciativas. No entanto, o ROI nem sempre é imediato, pois muitas estratégias comerciais estão baseadas em recompra, LTV, ou até em *crossell/upsell*. Por isso, é importante analisar junto com essas métricas o conceito de CAC *payback*, que responde em quantos meses eu recupero o meu *breakeven point* (ponto de equilíbrio) de um cliente. Muitas vezes, a empresa toma alguns meses de prejuízo, mas sabendo que terá lucro e que o tempo médio do cliente pagante é de 24 meses.

A pesquisa a seguir, realizada pela Plural Sales,[56] mostra a expectativa de CAC *payback* por tipo de estratégia comercial. É possível observar que, na grande maioria dos casos, essa métrica varia de três a doze meses. Isso significa que a estratégia de vendas costuma ser pautada em um olhar de médio/longo prazo. É possível também fazer um mix de estratégias comerciais e obter o máximo de eficiência de uma em detrimento do amadurecimento de outra. Por exemplo, eu já trabalhei com uma operação mista de inside sales e field sales. O CAC *payback* de inside sales estava em quatro meses, enquanto a de field mirava acima de doze. Na média, sob a ótica comercial geral, tínhamos um CAC *payback* de oito meses, ou seja, o time de inside sales compensava a baixa performance inicialmente ruim de field sales. Repare no gráfico.

[56] SAAS Channel Survey 2021. Plural Sales. Disponível em: https://pluralsales.com.br/pesquisa-saas-channel-survey-2021/. Acesso em: 18 jun. 2023.

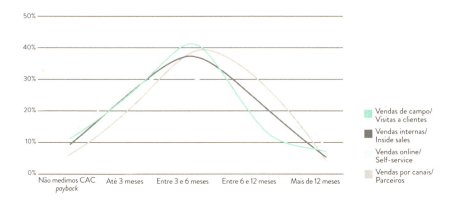

É vital que as ações implementadas estejam alinhadas à ótica que cada empresa tem sobre o CAC *payback*. Há companhias que querem ter lucro todos os meses; existem outros modelos, como as startups, que estrategicamente têm prejuízo no começo, sabendo que terão retorno em alguns meses e que, então, obterão uma grande lucratividade. Se o gestor não tiver esse tipo de visão e uma estratégia de time, estrutura de custos e comissão conectada à visão econômica, ele pode falhar sem sequer ter começado.

É normal que uma iniciativa, ao ser aplicada, detone o indicador econômico, mas que ao longo do tempo demonstre tendência de melhora ou que, em um período acumulado, o resultado seja positivo. Nesse cenário, é preciso trabalhar apertando parafusos: ou concentrar os esforços em vender o suficiente para sua máquina funcionar, ou cortar custos e enxugar até que a operação se torne economicamente viável. Eu já passei por vários momentos diferentes em startups em que tivemos ou que contratar muita gente ou cortar um alto volume de pessoas, pois estávamos ou em um cenário de custo de oportunidade positivo ou em outro no qual sustentar todo o time era inviável.

Contudo, a relação de retorno LTV/CAC também precisa ser analisada com atenção quando pende demais para o outro lado: um ROI muito alto não é algo necessariamente bom, pois quer dizer que você está deixando dinheiro na mesa, ou seja, deixando de reinvestir mais em uma estratégia que está gerando um alto resultado e sua operação está perdendo a oportunidade de ganhar escala e aumentar a receita de modo exponencial. No fim das contas, trata-se disto: ter um ROI equilibrado.

A ESTRATÉGIA DA COMPENSAÇÃO

É esperado que alguns tipos de iniciativa sejam deficitários por um período até que tracionem e comecem a gerar ROI positivo à companhia. Isso não é um problema quando a empresa já tem uma **vaca leiteira**, ou seja, um negócio que vem dando certo – que não necessariamente já escalou, mas que gera receita rápida sem requerer altos investimentos de tempo e/ou dinheiro. São aqueles que costumam ser o carro-chefe da organização e que se autopromovem sem grandes esforços. Se esse negócio tem um retorno positivo, algo acima de três, e você quer apostar em uma nova iniciativa, é importante que a vaca leiteira segure os custos, gere equilíbrio na receita e que o leite não seque.

Outra forma de garantir o fluxo de caixa e equilibrar melhor o CAC *payback* é, além da visão de recorrência de longo prazo, cobrar uma taxa de serviço em um *setup* ou implementação. Trabalhei em duas operações em que havia muito questionamento sobre a taxa de implementação, em especial por ser uma solução SaaS. Em ambos os casos, tive muito sucesso cobrando a implementação, principalmente naquelas operações em que a cobrança recorrente só se iniciava depois da finalização de implementação do software. Isso porque, quando existia trabalho do lado do cliente, o *setup* demandava mais compromisso de colocar a solução no ar do outro lado. Dessa forma, o *setup* cobria o tempo médio de implementação e não sofríamos com o CAC *payback*, pois, desde o momento da venda, começamos faturando uma taxa de serviço para custear a operação comercial.

Esse modelo de cobrança é adotado por inúmeras empresas, e caso de destaque de grandes cases de sucesso que utilizaram a estratégia de cobrança de serviço inicial até que a receita recorrente mensal tomasse mais força, preservando caixa e um *unit economic* mais saudável, ou seja, com menor custo de aquisição possível e com o maior potencial de geração de receita futura

Em resumo, para escolher o melhor modelo de vendas ao seu negócio, não basta a melhor teoria ou melhor referência. É necessário buscar a melhor relação econômica, com o menor CAC que consiga gerar o maior LTV.

14. O GESTOR COMO MESTRE DO AUMENTO DE PERFORMANCE E RESULTADO DE VENDEDORES

A o longo de todo este livro, estamos falando de uma paixão que se chama vendas. E o nosso principal objetivo é aumentar a performance por meio de uma boa liderança e gestão. Mas como você pode desenvolver um time de alta performance se não tem clareza do que o seu time precisa para alcançar os objetivos, entregar mais resultados e se desenvolver profissionalmente?

Quando o assunto é desempenho em vendas, há quem seja cético de que os números são o caminho para avaliação, como também existe a visão de que microgerenciamento e as métricas sobre absolutamente tudo vão melhorar a performance. No entanto, quem nunca viu uma pilha de *dashboards* com métricas puramente de vaidade, sem impacto claro ou até mesmo sem qualquer tipo de insight ou possibilidade de ação? Lembre-se de que, se não olhar para os números, você está deixando a gestão de lado, mas, para mover as pessoas, precisamos de liderança para engajá-las.

Não me entenda mal, alguns números são muito importantes, assim como o contexto e o desenvolvimento humano. Para compreender exatamente o que são performance e resultado, o método mais eficiente, na minha visão, é utilizar o modelo A-O-R, framework desenvolvido por Jason Jordan e Michelle Vazzana, no livro *Cracking the Sales Management Code*.

É necessário entender que existem três tipos de métricas:
- » *ACTIVITIES* **(ATIVIDADES DE VENDAS):** São gerenciáveis e têm alta correlação com o resultado.
- » *OBJECTIVES* **(OBJETIVOS):** Podem ser diretamente influenciadas pela gestão de atividades.
- » *RESULTS* **(RESULTADOS):** São ingerenciáveis, mas podem ser influenciadas pela gestão de atividades e objetivos.

No framework a seguir, repare em como aplicar esses conceitos na prática. Vamos trabalhar com exemplos de objetivos de resultado da empresa, objetivos específicos de vendas e atividades de vendas, que precisam ser conquistados e trabalhados para garantir o objetivo de resultado.

Os objetivos de resultado seriam as metas gerais, que são designadas por área e por pessoas. Para conseguir alcançá-los, precisamos de uma tática para influenciar positivamente as atividades do time comercial. Dessa forma, temos: *enablement*, eficácia e mix de produto. Com essas táticas, estabelecemos todas as métricas de exemplo que as impactam. Por fim, temos as atividades de trabalho que devem acontecer com o cumprimento dos objetivos de vendas.

O primeiro passo para usar o framework é entender que trabalhar no desenvolvimento da performance do time comercial é trabalhar em cima de uma métrica que tenha gestão e condições. Não adianta nada, em termos de melhoria de performance do vendedor, você esperar algum tipo de impacto avaliando apenas, por exemplo, a taxa de conversão/ganho ou somente o "ranking de vendas".

Fazer análise de performance é verificar o conjunto da obra, desde a avaliação do resultado individual, assim como o atingimento de objetivos específicos de vendas, até o desenvolvimento e cumprimento das atividades de vendas ao longo do tempo.

A seguir, vou mostrar alguns exemplos utilizando a ferramenta Drivops sobre como fazer análise de performance individual dos sales reps.

1. **ANÁLISE DE ATIVIDADES:** Total de atividades realizadas – neste exemplo, reuniões – *versus* as realizadas dentro de um período, por vendedor.

2. **ANÁLISE DE CONVERSÃO:** Total MQL/SQL recebido e taxas de conversão por sales rep.

	VICTOR	FÁBIO	JOSIAS	VILMA	PAULA	MARA	HANA	TOTAL
P MQL	30	19	17	31	11	14	14	22
Conversão	62%	65%	71%	27%	46%	73%	82%	65%
Novos SQLs	19	13	10	6	6	8	9	13
P SQL	19	13	10	6	6	8	9	13
Conversão	66%	71%	92%	100%	92%	83%	42%	77%
Novas OPP	12	10	55%	10	11	5	5	10
P OPP	5	2	6	1	2	3	1	2
Conversão	36%	33%	25%	25%	18%	75%	50%	25%
Novos clientes	5	2	6	1	2	3	1	2

Em uma das operações em que trabalhei, por exemplo, tínhamos algumas cadeiras de vendas separadas por cargo de entrada Sales Development Rep focado no *inbound*. Esses profissionais eram promovidos a Biz Development Rep (BDR), focados no *outbound* e, posteriormente, a Account Executives (AE) – vendedores *closers*. Em uma visão de performance, eu já sabia por meio de análise histórica, por exemplo, que em um processo de prospecção *outbound*, os BDRs que realizavam mais de sessenta atividades por dia tinham uma chance 80% maior de bater meta do que os que não faziam. Dessa forma, era parte do plano de desenvolvimento de performance de um SDR realizar pelo menos sessenta atividades diárias, independentemente de ter batido meta ou não, pois era um pré-requisito preparatório para o seu próximo desafio de carreira dentro da empresa.

Ter uma leitura clara sobre os comportamentos dos vendedores que estão sob sua gestão, traduzidos em números, é o que possibilita a identificação de talentos dentro da equipe e de pessoas que possam estar contrabalanceando a operação. É papel do gestor avaliar a performance dos liderados – sempre orientado a dados –, afinal são eles que possibilitam o alcance dos resultados da companhia. Com base em indicadores de performance, é possível entender pontos problemáticos, fornecer treinamentos assertivos, ajustar processos e destravar o que pode estar impedindo o alcance das metas.

No entanto, uma visão de performance orientada a dados não significa que o gestor deve olhar apenas para os números. Ele precisa analisar tudo que é praticado em termos de técnica e metodologia para, em seguida, avaliar estatisticamente os resultados e, então, entender quais reflexos cada pessoa do time tem sobre aquele trabalho específico.

AVALIAÇÃO DE PERFORMANCE ORIENTADA A DADOS

Muitos teóricos ainda propagam a ideia de que vendas é uma área de humanas. Eles se dedicam a estudar metodologias de vendas acreditando que isso seja insumo suficiente para melhorar a performance dos vendedores. De fato, se aprofundar nos detalhes de uma técnica é importante, mas, assim como um jogador de futebol não aprende a jogar bem lendo livros sobre o esporte, vendedores e gestores não melhoram a performance apenas estudando as teorias de modo aleatório.

Quando a performance é isolada do número, o gestor deixa de entender o que pode fazer para cada profissional melhorar alguma característica ou para focar um talento específico. Se o gestor não olha para os números, deixa de entender os principais sinais que o time dá com as respectivas características individuais de cada um. Como resultado, ele passa a treinar a equipe desenfreadamente sobre assuntos nem sempre pertinentes a todos os vendedores.

É como se, em um time de futebol, o treinador submetesse os jogadores ao mesmo treinamento, sem considerar fatores como posição, dificuldades, pontos fortes e o que precisa ser desenvolvido em cada profissional.

Ao olhar a performance individual de cada liderado, o gestor começa a ter insumos para compreender quais pessoas se sobressaem em quais etapas do trabalho, sob quais variáveis. Ou seja, quais vendedores têm melhor taxa de conversão na abertura da conta; quais perdem mais vendas em determinado momento; quais levam mais tempo para evoluir em uma proposta comercial etc. Ao se questionar sobre pontos como esses e olhar para os números, o gestor entende quem são as melhores pessoas do time e em quais características cada uma delas é melhor ou pior.

Em alguns momentos da minha carreira, muitos me perguntavam: "Okino, o que eu preciso fazer para melhorar meus resultados?". Minha resposta sempre foi categórica: "Me traz o seu funil para fazermos uma análise em conjunto". Assim, sempre antes de julgar ou ouvir o que o vendedor tinha a dizer, primeiro eu analisava os números individuais da seguinte forma:

1. Conversão fase a fase do funil e conversão geral;
2. Tempo médio de fechamento;
3. Volume de atividades realizadas;
4. Uma linha comparativa com a média de performance desses indicadores do time.

De modo agnóstico, ia validando ponto a ponto e traçando um plano de ação individual, sempre com um direcionamento tático/operacional. Por exemplo: abrir trinta novos negócios até o dia 15 do mês; realizar dezenove atividades de *follow* por dia; estudar ou desenvolver uma habilidade específica da maior lacuna.

A análise individual que mescla a técnica e o número permite que você seja extremamente assertivo em qual será o plano de desenvolvimento de cada vendedor. Sem os dados, o gestor orienta com base apenas em sua percepção individual.

INTERPRETANDO SINAIS DO DIA A DIA

De maneira geral, ao avaliar a performance de vendedores e de pré-vendedores, há duas variáveis importantes: **volume de trabalho** (o quanto alguém produz em termos de ligações, visitas, atendimento a novos contatos etc.) e **conversão**, ou seja, a orientação de desenvolvimento será por vezes iniciativas de "perna – aumentar volume" ou de "cabeça – aumentar conversão".

É ideal que haja um equilíbrio entre esses dois pontos e o contexto da empresa. Geralmente, quanto menor o ticket médio, maior a necessidade de volume. Ou seja, quanto mais conseguir volume sob a uma conversão razoável, melhor. No entanto, quando se fala em negócios de alta complexidade ou em ticket médio alto, a conversão tende a ser mais importante. No segundo cenário, é necessário cautela ao ter uma alta conversão sem nenhuma conta no topo do funil; afinal, alta conversão de baixa quantidade de lead pode não significar muita coisa. Sinais de desenvolvimento refere-se à empresa buscar a performance dos vendedores comparando os números entre o processo de plantar e colher, ou ter indicadores saudáveis em volume e em conversão.

A metodologia ideal para se avaliar performance e atuar em cima de melhorias é a Teoria das Restrições (TOC), de Goldratt.[58] Sempre procure o maior gargalo (restrição), explore-o, adéque-o (treine, desenvolva), elimine-o e busque pelo próximo gargalo. Se você trabalhar em um problema por vez, suas chances de sucesso serão maiores.

Quando o gestor entende o que é performance para a empresa – se é volume, se é conversão, se é o equilíbrio dos dois –, direciona o planejamento tático de entrega do vendedor e garante que ele consiga obter resultado de modo consistente e com mais chances de avançar na carreira.

58 GOLDRATT, E. **A meta**: um processo de melhoria contínua. Barueri: Nobel, 2014.

DE OLHO NOS PROBLEMAS DE PERFORMANCE

O primeiro ponto muito importante para se fazer uma gestão de performance efetiva é ter certeza de que o processo comercial é claro para a equipe, ou seja, de que todos foram treinados e capacitados igualmente e de que há tecnologia para suportar as etapas do processo. Caso contrário, fica impossível interpretar a veracidade das informações.

Como descobrir se antes da performance eu tenho um problema de processo? Simples! Primeiro ponto: se no seu time 20% dos vendedores carregam 80% dos resultados nas costas, você provavelmente tem um grande problema de processos, pois somente alguns sabem o passo a passo de como vender. É normal ter uns 20% de vendedores que sempre superam a meta, uns 60% que ficam na média e 20% que permanecem abaixo.

O segundo ponto é o elemento pessoas. No fim das contas, o que o time segue como exemplo dos vendedores de alta performance é o comportamento, e não a métrica, o resultado em si. Se você tem um profissional de alta performance na sua operação, ou seja, alguém com uma taxa de conversão muito boa e que está entregando o que ou além do que a empresa espera em determinado período (afinal, performance precisa ser avaliada em um espaço-tempo, pois exige constância de resultados), naturalmente essa pessoa se torna uma referência para o time.

"Grandes poderes trazem grandes responsabilidades." Essa frase não poderia ser mais verdadeira. Os outros vendedores olharão para o profissional de alta performance e buscarão ser igual a esse indivíduo do ponto de vista comportamental.

O ponto de atenção que se deve ter em relação à alta performance, sob a ótica da gestão, é o alinhamento de expectativa do que isso significa. Um vendedor de alta performance com atitudes inadequadas vai inspirar o espelhamento desse comportamento, mas nem sempre dos resultados alcançados. Um exemplo prático disso é o profissional que bate a meta muito antes da maioria do time e que, ao atingir o resultado esperado, começa a faltar, chegar atrasado, entre outras atitudes que a empresa desencoraja. Esse desvio de valores da cultura da companhia provavelmente será replicado por aqueles que tiverem resultados semelhantes.

Em uma experiência pessoal, preservei um vendedor de "alta performance" que tinha um péssimo comportamento, mas, como precisava bater meta, resolvi mantê-lo no time. Demos feedback, mas nada adiantou. Ele estava obstinado a terceirizar todos os problemas da vida dele na empresa. Depois de três meses, essa pessoa criou um grupo de catorze colegas, todos com o mesmo comportamento. Tive que demiti-los ao mesmo tempo. Vergonhosamente foi um equívoco de liderança, mas também um grande aprendizado, pois aqueles que permaneceram começaram a entregar duas vezes mais do que antes em manifestação de alívio de ter esses vendedores fora do time.

A contaminação do mau comportamento deve ser evitada o mais rápido possível. Quando comportamentos como esses começam a transparecer, é hora de acionar as táticas de liderança para conter de imediato.

Por fim, entender a gestão da performance individual e ser ativo nela é de suma importância para orientar a equipe comercial sobre o que fazer e no que atuar para conquistar mais resultados, mas sempre engajando o time com proximidade e cultura de alta performance da liderança de vendas. Isso evita problemas relacionados a pessoas.

UM VENDEDOR DE ALTA PERFORMANCE COM ATITUDES INADEQUADAS VAI INSPIRAR O ESPELHAMENTO DESSE COMPORTAMENTO, MAS NEM SEMPRE DOS RESULTADOS ALCANÇADOS.

15.
GESTÃO PARA RESULTADOS: DO PASSO ZERO AO DIA A DIA

Gestão sem resultados só justifica uma série de iniciativas se estas são adequadas às necessidades reais do seu time comercial. Não faz sentido implementar metodologias e técnicas sofisticadas se a equipe não precisa daquilo no momento, ou se o "arroz com feijão" não está sendo feito com eficiência.

Quando falamos em gestão para resultados, existe uma série de metodologias que abordam como ter resultados mais previsíveis ou como conseguir acelerar os seus ganhos. É comum que, com tantas teorias e conteúdos, as pessoas queiram saber o melhor processo ou que técnica devem aplicar para gerar os resultados esperados. No entanto, o começo da implementação de uma gestão eficaz não se dá em tecnologias ou otimizações de processos. O **passo zero** deve ser sempre aprender a vender. Esqueça a ideia de querer replicar algo enquanto você, na posição de gestor comercial, não sabe como vender o seu produto, indicar o que ele entrega, quais são os benefícios, quais dores ele sana, com quem você precisa falar para realizar uma venda. Isso porque não se trata apenas de como vender, mas para quem vender.

Um cenário com o qual já me deparei várias vezes é ver profissionais sendo contratados para estruturar uma área comercial em empresas (sobretudo startups) cujos clientes foram seus fundadores. Mas é necessário um roteiro para trazer novos clientes; afinal, uma companhia não vive sem atrair mais pessoas, correto? Como, até então, não houve uma metodologia de vendas, o gestor deve ser capaz de estruturar o passo a passo para vender a solução: Como fazer a abertura do contato? Quais perguntas para diagnosticar o cliente? Será necessário apresentar uma demonstração técnica? Qual metodologia se encaixa melhor para esse tipo de venda? Com quantas pessoas, em média, é necessário falar para realizar a venda? Quais são as principais dores do mercado e como meu produto as atende? Para que essas informações estejam bem definidas, é vital que o seu negócio tenha mapeado um Ideal Customer Profile (ICP) – conjunto de características que devem ser segmentadas na hora de identificar clientes em potencial. Além disso, o gestor precisa conhecer de maneira clara quais são os Jobs to be Done – problemas e desafios que o seu cliente tem e expectativa de como ele quer resolvê-los. Ao dominar o ICP, o passo a passo do processo comercial e as técnicas de vendas, você já deu o primeiro passo para uma gestão de resultados.

Depois de aprender a vender para o seu público e conhecer com profundidade o seu mercado, implemente rotinas comerciais para acompanhar os resultados e aloque o seu time nesses rituais. É essencial que essas rotinas sejam definidas para proporcionar o acompanhamento de seus liderados. Algumas informações que você deve identificar incluem:

» **ANÁLISE DE PIPELINE:** Evolução de contas que estão no funil;
» **DAILYS E SPRINTS:** Quais são os principais desafios do dia; *sprints* para priorizar iniciativas;
» **ROBs, OU RITMO DE NEGÓCIO:** Ter rotinas de alinhamento individual de performance e desenvolvimento do plano de ação da semana;
» **ANÁLISE DE FORECASTING:** Avanços de compromisso e previsão de vendas.

O acompanhamento é o que garante que o processo será seguido e que as barreiras estão sendo eliminadas, fazendo com que "as contas sejam pagas".

Em minhas experiências, já passei por muitas empresas que tinham um processo bem estruturado no CRM e com vários playbooks, mas não entregavam resultado. Assim como já vi diversas equipes batendo meta fazendo gestão do *pipeline* em post-it na parede, porém com ritos e rotinas de acompanhamento bem definidos. Não significa priorizar uma ação em detrimento da outra, porém criar relevância no quanto a rotina impacta o resultado.

Suponhamos que você já tenha testado vários formatos diferentes de vendas e encontrado o modelo que funciona bem. A próxima etapa para atingir a gestão de resultados é replicar esse modelo e torná-lo um processo para o time. Nesse momento, você deve destrinchá-lo e colocá-lo em uma perspectiva de playbook, um manual de vendas, para que no onboarding e em um processo de crescimento acelerado todos os colaboradores obrigatoriamente o vivenciem e conheçam as etapas necessárias. Toda a estruturação desse processo – por exemplo, o que fazer na primeira reunião e como conduzir a segunda, em que momento realizá-las (se for preciso) – deve ser documentada para assegurar que os vendedores vão segui-la de maneira padronizada. Também devem estar presentes no playbook todas as regras de passagem, SLAs intra-áreas e políticas comerciais. Pense no playbook como a "bíblia" da área comercial.

Antes de implementar qualquer tecnologia ou pensar em abordagens mais sofisticadas, é vital que, até aqui, o básico seja bem-feito e que os vendedores dominem todas as etapas envolvidas no processo. Não adianta ter tecnologia se não há processos. Não adianta ter processo se não existem rotinas para garantir o seu cumprimento.

Ao ter passado pelos tópicos anteriores, você garantiu que o básico para uma gestão de resultados foi definido e implementado. Agora, é hora de acelerar e otimizar os resultados ou implementar novas iniciativas.

Na matriz a seguir, colocamos em perspectiva o que você deve priorizar na gestão de vendas para trazer mais resultados ao longo do tempo, de acordo com os conceitos que mencionamos anteriormente, sendo prioridade: rotinas e processos; novas iniciativas e otimização de processos; e, por último, inovação.

No passado, cometi o erro de assumir uma nova operação de vendas e a minha primeira iniciativa ser tentar otimizar os processos. Analisei as falhas e rapidamente elaborei soluções para reparar essas lacunas, mas, ao longo do tempo, me dei conta de que ninguém no time de vendas interpretava o processo comercial da mesma forma – e, por consequência, cada um seguia do próprio jeito. Resultado: eu estava na direção de otimizar um processo que não existia na prática; as informações que eu coletava eram errôneas e desordenadas. Tive que dar dois passos para trás, ensinar o processo de vendas a todos, implementar rotinas comerciais, para aí sim pensar em otimizar esses processos.

Assim como nesse caso, muitos gestores cometem o erro de querer chegar já iniciando um projeto completamente disruptivo, abrir omnicanalidade[59] etc., sendo que, muitas vezes, o time não faz o básico. O resultado disso costuma ser catastrófico.

GESTÃO À VISTA

Um excelente método para desenvolver mais compromisso com o resultado e evitar a fuga da responsabilidade – problema que afeta times de alta performance segundo Patrick Lencioni, autor do supracitado livro *Os 5 desafios das equipes* – é a aplicação de gestão à vista nas rotinas comerciais, na sala de vendas e em campanhas.

Certa vez, quando eu tinha um time que trabalhava com uma operação de vendas receptivas – ou seja, recebia ligação de empresas interessadas em comprar a nossa solução –, me deparei com um problema que estava muito difícil de resolver: a volumetria de ligações que recebíamos diariamente comportava um *headcount* de cinco pessoas para atender às demandas. No entanto, em alguns momentos, essa equipe ficava bastante ociosa, como também em determinados horários havia uma sobrecarga de ligações, das quais chegávamos a perder 25%. Depois de me reunir algumas vezes com o meu gerente de pré-vendas, e de ter pensado em inúmeras soluções para isso, nos perguntamos o seguinte: "O time sabe dessa informação? Será que eles conseguem ter clareza dos momentos em que temos um expressivo aumento de demanda?". Desse questionamento surgiu a nossa iniciativa de gestão à vista: colocamos duas TVs à frente desse time, mostrando a fila de atendimento e a taxa de abandono de ligações em tempo real. Além disso, explicamos o objetivo de acompanhar esses indicadores.

---

59 O QUE é marketing omnicanal? Definição, exemplos e dicas. Amazon Ads, s.d. Disponível em: https://advertising.amazon.com/pt-br/library/guides/omnichannel-marketing. Acesso em: 18 jun. 2023.

Surpreendentemente, o time por si só entrou em outro ritmo de trabalho: começaram a ordenar melhor os períodos de *follow*, se reorganizar conforme o dia para horários de pausas e almoços, encurtaram o pitch quando a fila estava alta, entre outras pequenas ações. Tudo isso fez as taxas de 25% de abandono no horário de pico caírem para uma média de 6 a 7%.

Em um case de sucesso, também obtive muito sucesso implementando uma rotina de Ritmo de Negócios (ROB). Toda semana, fazíamos a atualização do *pipeline* em um quadro e com post-its. É claro que usávamos o CRM, mas o quadro era o momento de cada vendedor mostrar a evolução das contas dele, atualização do seu plano tático e evolução semana sobre semana. O fato de ter o ritmo junto à gestão à vista engajava o colaborador a se preparar toda semana para atualizar o seu plano tático individual e desenvolver o próprio plano de ação.

São inúmeros os casos de como a gestão à vista pode beneficiar o seu time. Acrescentar a gestão à vista a rotinas comerciais é uma combinação poderosa de engajamento e compromisso com o resultado.

Tão importante quanto saber aonde chegar é entender de onde partir e por onde passar. Bons gestores não "passam a carroça na frente dos bois", mas trabalham com os times em uma ordem crescente, a fim de que o próximo passo faça sentido com o anterior.

16.
RITUAIS DE GESTÃO

A rotina de um gestor deve ser composta de rituais que permitem a visualização do andamento das iniciativas, os resultados atingidos até o dia, os desafios que os liderados possam estar enfrentando e o que pode estar travando a operação.

Essas rotinas permitem ao gestor dar o ritmo do bumbo, ou seja, garantir que tudo o que foi planejado e entrou em uma perspectiva de ser executado está, de fato, acontecendo. Tenha em mente, mais uma vez, que não adianta obter recursos sofisticados sem definir as rotinas de acompanhamento.

O principal objetivo dos rituais para o gestor é, portanto, garantir a execução das atividades planejadas. Olhando pela perspectiva dos liderados, porém, os rituais são importantes para que eles se mantenham engajados; para que saibam o que está acontecendo em um cenário macro e em quais direções a empresa está se movimentando; para que se sintam parte do que está acontecendo; e para que haja transparência na comunicação e nas iniciativas. Vendedores comprometidos sempre esperam e valorizam uma comunicação transparente em relação aos próximos passos da operação e da companhia. Em resumo, os grandes objetivos de ter rituais de gestão são **ditar o ritmo do negócio**, **engajar o time** e **oferecer transparência aos liderados**.

Não há regras sobre quais rituais obrigatoriamente devem fazer parte da gestão, mas existem boas práticas em termos de rotina que fazem sentido serem implementadas.

KICKOFF

O *kickoff* é uma reunião que envolve todo o time comercial, realizada na fase inicial de um novo calendário, projeto ou iniciativa com o objetivo de alinhar todos os detalhes entre os membros da equipe. É um momento inspiracional e de direcionamento do planejamento e objetivos de vendas; retrospectiva do período anterior; de entender quais foram os pontos fortes, os pontos fracos e quais são os próximos passos; além de ser uma etapa de reconhecimento público da entrega de resultados individuais ou de equipes.

Diversas vezes, aproveitei para divulgar uma campanha de vendas para o próximo período, envolvendo uma condição comercial, premiação interna, bonificação e muitas gamificações. O simbolismo envolvido nas campanhas pode ser muito poderoso. Em uma das empresas por onde passei, desenvolvemos medalhas em formato militares, contendo simbologias como: batedor de meta por mais de três meses consecutivos, top performer, 1º lugar no ranking do ano e assim por diante. Criamos um ritmo na distribuição das medalhas e, honestamente, essa simbologia da entrega tinha muito mais valor do que o próprio comissionamento em si.

No contexto dos rituais de gestão comercial, a reunião de *kickoff* é uma prática fundamental para qualquer organização que deseja realizar projetos e executar estratégias com maior eficiência. Com toda a equipe envolvida, a comunicação se torna mais clara, as ideias se alinham e os resultados tendem a aparecer com mais consistência.

Os *kickoffs* mensais permitem que a equipe comece o mês com um entendimento comum do objetivo, das metas e das expectativas do negócio. Com isso, é possível estabelecer um plano de ação claro e alinhar o time em direção a um objetivo comum.

MÉTODOS ÁGEIS PARA ACOMPANHAMENTO

Os acompanhamentos táticos devem ser conduzidos utilizando modelos de gestão ágil e scrum. A *daily* é um exemplo de rotina importante, tanto para times remotos quanto presenciais, a fim de manter a atenção e o engajamento do time. Para que todos saibam o que está acontecendo, a ideia é, diariamente, no mesmo horário, iniciar um ritual de abertura que deve levar no máximo quinze minutos, no qual os vendedores atualizam o status sobre o que fizeram ontem, o que vão fazer hoje e se existe alguma barreira para alcançar o objetivo.

O estado da arte é acrescentar um *cockpit* – interface com indicadores – junto a essa rotina, direcionando a pauta para algum objetivo específico. Por exemplo: ontem fiz dezoito atividades, hoje tenho mais 23 para executar. A seguir, repare no exemplo criado na Drivops de um *cockpit* utilizado pela área de vendas.

Resultado Parcial

Quanto foi ganho este mês? Este Trimestre? Quanto falta para atingirmos o valor estipulado como meta?

Ganho este mês	Commit este mês	Aberto/Criado este tri	% atingido - Meta do Tri	Geral em aberto
62,10 Mil	255,87 Mil	34,60 Mil	-	118,60 Mi
2 negócios foram fechados este mês	Há 3 oportunidade(s) na etapa de commit para fechar este mês.	4 oportunidade(s) criadas este tri permanecem em aberto.	A meta financeira para este trimestre é de	274 oportunidade(s) criadas permanecem em aberto

As *sprints* também podem fazer parte das rotinas de acompanhamento tático. Trata-se de reuniões utilizadas para dividir o trabalho em períodos curtos e intensos, em geral uma ou duas semanas, a fim de realizar entregas e alcançar objetivos específicos. Além disso, as *sprints* permitem que a equipe faça ajustes rapidamente, se necessário, e que os resultados sejam avaliados em curtos períodos. A ideia é priorizar as principais iniciativas táticas que ajudarão o time a bater meta ou a recuperar algum *gap* específico, por exemplo: organizar uma ação de e-mail ou WhatsApp para perdidos pelo motivo "x"; criar uma campanha para clientes que estão parados há mais de "y" dias em tal etapa; fazer uma força tarefa para gerar novas oportunidades.

As rotinas de acompanhamento tático com base em modelos ágeis tendem a permitir que o time trabalhe de maneira mais colaborativa e integrada, o que é fundamental para o sucesso de uma operação comercial.

RHYTHM OF BUSINESS (ROB) E 1:1

O momento que o gestor tem para conversar individualmente com seus liderados é conhecido como 1:1, no qual se pode discutir diversas questões importantes, desde resultados até carreira. Nessas reuniões individuais, o gestor tem a oportunidade de dar insumos para o aperfeiçoamento do profissional e identificar problemas mais pontuais que possam ser um empecilho para a execução de alguma atividade.

É comum que essas reuniões tenham um viés tático. Algumas empresas chamam isso de ROB e, nessa perspectiva, o gestor e o liderado olham para um período específico (normalmente a semana ou o mês, a depender do ciclo da empresa) para entender se a pessoa está onde ela deveria estar e qual o plano de ação para chegar lá.

Ritmo de negócio é um conceito atrelado à movimentação de *pipeline*. Ou seja: deve-se olhar se há contas o suficiente no funil e de quantas contas o vendedor precisa para bater a meta, considerando o seu histórico de conversão. Já os momentos de 1:1, quando conduzidos com uma perspectiva tática, permitem que o gestor ajude consideravelmente o liderado a bater suas metas. Quanto à frequência deles, utilize indicadores como ciclo e complexidade da venda para definir. Quanto mais rápido for o ciclo médio de venda, menos intervalada a reunião deve ser.

Uma premissa superimportante para se reforçar nesses encontros é: "Se não está no CRM, não existe", pois isso reforça a ideia de que, caso o CRM não esteja atualizado, não há como criarmos ritmo de negócio nem criar plano de ação individual.

IMPACTO DAS ROTINAS NO RESULTADO

O impacto das rotinas na produtividade e nos resultados da companhia é inquestionável. Se o gestor quer garantir que as pessoas saibam o que precisam fazer para entregar resultados e como se desenvolver, se seguem os processos, deve ter um ritual de rotinas claro, devidamente sistematizado em calendários, com data e horário agendados em uma frequência predefinida. Ao longo de dado período, o gestor precisa analisar quais rotinas estão fazendo sentido para o time e quais estão apenas demandando tempo sem causar grandes impactos.

Uma métrica notória para se acompanhar é buscar a correlação entre tempo gasto em rotinas de desenvolvimento por vendedor ou o resultado que eles entregam. Por exemplo: quantas horas por mês o gestor gasta desenvolvendo o time, buscando identificar o melhor padrão de horário gasto dando sessões de coaching para o time conseguir entregar um resultado X% melhor. Mais horas de treinamento significam mais resultados, ou não necessariamente? Buscar informações como essas ajudarão a embasar a frequência e o volume de diversos rituais.

Trabalhar nas rotinas comerciais, seguir um processo e dar o ritmo de negócio para o time de vendas é o coração da área comercial. Fazer o essencial bem-feito é altamente eficaz e garante que você consiga implementar iniciativas no futuro.

FAZER O ESSENCIAL BEM-FEITO É ALTAMENTE EFICAZ E GARANTE QUE VOCÊ CONSIGA IMPLEMENTAR INICIATIVAS NO FUTURO.

17.
MANUAL DE EFICÁCIA DO GESTOR DE ALTA PERFORMANCE

O sucesso de uma empresa é diretamente proporcional à eficácia de seus gestores. Um gestor de alta performance é capaz de liderar equipes, tomar decisões estratégicas e alcançar resultados extraordinários cultivando as rotinas estratégicas certas e garantindo o alinhamento e desenvolvimento de seu time.

Algumas táticas devem compor o rol de habilidades que o gestor deve ter para, de fato, ser considerado um profissional de alta performance. Quando os gestores não dominam essas competências, alguns resultados comuns são falta de previsibilidade nos resultados, desalinhamento entre os vendedores, distribuição ineficiente e contraproducente de atividades e pouco engajamento do time.

Para que o gestor mantenha os pés no chão e a sanidade mental, ele precisa ter clareza de que não vai conseguir gerenciar tudo. E talvez nem devesse! Em uma operação sempre haverá problemas e trabalhos a serem feitos. O grande impacto que o gestor pode, de fato, causar na operação é decidir o que priorizar e como fazê-lo da forma mais eficaz possível.

Quanto mais movida a "achismo" for essa decisão, piores serão as decisões. Depender apenas de bagagem e intuição para embasar tomadas de decisão é uma das piores decisões que um gestor pode tomar profissionalmente.

O jogo já começa a seu favor quando as decisões são racionais, ou seja, os números indicam quais iniciativas podem ajudar a atingir o objetivo proposto; quantas pessoas a operação tem para executá-las; quanto tempo se leva para a concluir; e qual o impacto de receita vão gerar.

CONTROLE DE TEMPO E ATIVIDADES DO GESTOR

Gestor precisa gastar tempo gerenciando seu tempo!

Tempo é um recurso escasso e um dos ativos mais valiosos tanto na vida profissional quanto pessoal. Um gestor de alta performance, que tem o hábito de definir as iniciativas do time considerando esforço e impacto, precisa ser consciente sobre o tempo que tem à disposição e como gerenciá-lo de maneira equilibrada, garantindo que sobre tempo no dia a dia para ser investido na vida pessoal e familiar.

Em algum momento da semana – no primeiro dia útil, no fim de semana ou como preferir se organizar –, defina um período para acertar a sua agenda, estimando o tempo que cada tarefa vai tomar. Dessa forma, você consegue ter visibilidade sobre a distribuição do tempo e de tarefas, identificar em quais áreas está alocando mais tempo e calibrar seu tempo e suas prioridades ao longo da semana da maneira mais eficiente possível.

O equilíbrio entre vida pessoal e vida profissional não deve ser uma prática apenas do gestor, mas incentivada em todo o time – e as atividades que fazem parte da sua vida pessoal também precisam estar na sua agenda.

Hoje há diferentes ferramentas, inclusive colaborativas e integráveis, que você pode usar para definir suas demandas com base nas tarefas e nas horas do dia. E essa agenda deve ficar visível para todo o time. Desse modo, seus liderados conseguem saber quando você está livre, quando está em reunião, quando está ocupado com outra atividade e quando está fora do trabalho, por exemplo.

Para que a gestão de tempo e de energia aconteça de modo eficaz, é importante que o indivíduo tenha autoconhecimento para saber o que deve priorizar para manter a vida equilibrada e atender a tudo o que precisa realizar ao longo do tempo.

GERENCIANDO O TRABALHO DE LIDERADOS E SEUS SUBORDINADOS

Assim como o gestor deve ter uma agenda com suas rotinas regulares, seu tempo livre, suas reuniões, seus compromissos e suas tarefas da semana, ele precisa criar um modelo de agenda para os seus liderados e subordinados deles.

É claro que nem todos precisam seguir o mesmo formato adotado pelo gestor, mas o intuito é mapear todas as tarefas importantes a cada uma das posições e colocar isso em uma perspectiva de horas de trabalho e, em seguida, de calendário.

A seguir, há um exemplo de agenda para manter todos esses *follows* sob controle.

PERÍODO	SEGUNDA	TERÇA	QUARTA	QUINTA	SEXTA
	DAILY	*DAILY*	*DAILY*	*DAILY*	*DAILY*
MANHÃ	*Weekly pipeline* Reunião de resultados	RoB individual de vendedores	Feedback	RoMS	Coaching técnico
	RoB líderes	Revisão *forecast* Reunião de Board	Revisão performance individual e PDI	Campanhas de vendas Demandas operacionais	Demandas operacionais
ALMOÇO	12h-13h30				
TARDE	Demandas operacionais	Demandas operacionais	Demandas operacionais	Capacitação semanal	Demandas operacionais
	Sprint semanal	Escuta de ligações	Acompanhamento de *sprint*		Escuta de ligações
	Check de ações	Check de ações	Check de ações		Check de ações
	Revisão do dia	Revisão do dia	Revisão do dia	Revisão do dia	Revisão do dia
	Fechamento de loja – atualização	Fechamento de loja – atualização	Fechamento de loja – atualização	Fechamento de loja – atualização	Fechamento de loja – atualização

Durante os encontros, identifique quais rotinas o líder de vendas, o gerente e o vendedor devem ter. Com isso definido, o gestor é capaz de contribuir para a produtividade de todos, dando sugestões de como aproveitar melhor os períodos do dia.

Ao criar a agenda modelo, o gestor tem clareza sobre o que as pessoas estão fazendo, se há espaço para a inclusão de outras rotinas e atividades e se a distribuição de tempo por tarefa está funcionando ou não, exigindo uma redistribuição mais eficaz.

O Get Things Done (GTD) é um método de produtividade de implementação, uso e controle simples. A sua premissa é que, em vez de tentar reter todas as informações necessárias para a execução de um projeto no seu cérebro, você as escreve em alguma fonte externa para não depender apenas da sua memória. Ao externalizar insights, informações, fluxos e dados, você consegue realizar seus projetos em menos tempo. Para que isso seja eficaz, é importante utilizar ferramentas que trabalharão a seu favor; procure usar aquelas em que você possa alocar informações e segmentá-las; distribuir seus projetos em etapas e gerir o que precisa fazer sem muita complicação. Ferramentas com a metodologia Kanban ou Gantt são muito utilizadas e ajudam a diminuir a carga mental enquanto você trabalha. O programa que eu uso para gerenciar meus projetos e de meus times é o Asana, que pode ser utilizado sob as duas metodologias citadas.

FORMAS DE GARANTIR A ALTA PERFORMANCE DE SEUS LIDERADOS NO DIA A DIA

A melhor forma de garantir que todos os liderados tenham alta consciência em relação ao tempo, ao esforço e ao impacto de suas ações é criar essa cultura e trabalhar com todos da mesma forma.

Hoje em dia, o alto desempenho não é atingido ditando o que precisa ser feito, mas trazendo conhecimento e reflexão aos liderados, sobretudo em relação à equação esforço e impacto.

Quando um colaborador sugere uma nova iniciativa, por exemplo, a cultura de reflexão pode ser instigada, levando-o a ponderar qual o tempo que essa iniciativa levaria, qual o passo a passo para implementá-la, quantas pessoas precisam ser mobilizadas e envolvidas e qual seria o impacto gerado. A ideia é trabalhar com conceito de esforço e impacto, exemplificado no gráfico a seguir, sempre priorizando as iniciativas que serão *quick wins*, ou seja, que vão trazer resultados com um baixo esforço.

Outra metodologia muito usada para priorização de atividades é o ICE, acrônimo de *impact* (impacto), *confidence* (confiança) e *easy* (facilidade). O sistema se baseia em o time pontuar de 0 a 5 de acordo com o grau de relevância para cada um desses pontos. O cálculo ICE é a soma de todos os pontos, podendo priorizar, dessa forma, os mais simples e eficazes. Repare no exemplo a seguir.

INICIATIVA	IMPACTO	CONFIANÇA	FACILIDADE	SCORE ICE
Ação de *lost* para base	5	5	5	15
Campanha do mês	5	4	4	13
Nova LP de conversão	4	3	2	9

Ao instigar a cultura de racionalidade e análise no time, as pessoas começam a seguir o exemplo. Se você quer garantir que seus liderados atinjam a alta performance, crie uma cultura de dados, racionalização de estratégias e estimule o pensamento crítico em todos. Aplique isso no seu dia a dia e veja a equipe entrando no mesmo *modus operandi*.

TÁTICAS ESCALÁVEIS PARA TIMES DE ALTA PERFORMANCE

A principal tática para atingir a alta performance individual e coletiva é fazendo e estimulando o exercício de autoconhecimento. Na prática, este é um legado que o gestor pode deixar para seus liderados. Um exemplo bastante recorrente no universo corporativo é a insistência do discurso "não tenho tempo". A realidade é que todos têm tempo e, mais do que isso, todos têm a mesma quantidade de tempo à disposição. A diferença é a decisão que cada pessoa faz para utilizar o seu tempo. Quando você começa a racionalizar o que está priorizando, o que está postergando e por que está fazendo ou deixando de fazer tais coisas, é quando você começa a olhar mais para dentro. Esse olhar interno ajuda-o a entender por que você está sempre repetindo um padrão de comportamento e com um sentimento de estar constantemente apagando fogo e não saindo do lugar. Esses comportamentos estão quase sempre relacionados a fatores psicológicos e emocionais.

A melhor forma de tomar consciência sobre tempo, performance e produtividade é investir na capacitação do próprio time em autoconhecimento, comportamento e soft skills.

Supondo que esta já é uma rotina do seu time e que tanto você, gestor, quanto a sua equipe são estimulados ao exercício de autoconhecimento, o ganho de eficácia para escala é, enfim, investir em tecnologias e automatizações que permitem acompanhar a evolução do trabalho de cada pessoa e acelerar os resultados.

    Este capítulo foi um pequeno manual do que não pode faltar no seu repertório se você busca alta performance. Agora que já passamos por todas as áreas da liderança e da gestão, chegou a hora de nos encaminharmos para a parte final da nossa jornada.

O EQUILÍBRIO ENTRE VIDA PESSOAL E VIDA PROFISSIONAL NÃO DEVE SER UMA PRÁTICA APENAS DO GESTOR, MAS INCENTIVADA EM TODO O TIME.

18.

TUDO PRONTO PARA ACELERAR

"Abandonar a incompetência inconsciente
é o primeiro passo para o sucesso
do seu plano de carreira em vendas."

CAMELY RABELO E RICARDO OKINO

Ao concluir sua jornada pelos temas de liderança e gestão, você pode estar se perguntando qual dos pilares é mais importante na vida profissional de um líder comercial, ou qual deles fará você alcançar a alta performance. O segredo do sucesso em operações de vendas é não priorizar uma área em detrimento da outra.

Exemplo disso é a nossa jornada: alcançamos a diretoria comercial com a mesma idade e sendo bons em pilares distintos; tivemos resultados similares, mesmo não sendo extraordinários em ambos, mas atuando e fortalecendo o que fazíamos bem, dando espaço para aliados brilharem em áreas que nos complementavam.

Vamos recapitular: você começou sua jornada aprendendo que liderança e gestão não são a mesma coisa e que bons vendedores nem sempre se tornam bons líderes de vendas, mas que, em meio a essa dicotomia, as organizações seguem exigindo que sejamos excepcionais em tudo.

Ampliamos a sua consciência sobre a importância de se tornar o personagem principal da sua história e não terceirizar seu plano de carreira para outras pessoas, cuidando dos três principais pilares da sua carreira: estudo, experiência profissional e networking. De maneira mais direcionada: o estudo com base nas competências necessárias para alcançar seu estado desejado; a escolha dos lugares em que vai trabalhar, pois eles implicam diretamente o desenvolvimento das suas habilidades; e os indivíduos dos quais você vai se cercar, que serão, de fato, mentores – aqueles que chegaram aonde você deseja chegar.

Você teve a oportunidade de responder ao mapa de autoavaliação sistêmica, identificar seus pontos fortes e aspectos nos quais precisa se desenvolver e avançou por uma jornada de muitas páginas para conhecer profundamente as competências de liderança e gestão que resultarão na alta performance do seu time de vendas. **Agora, chegou a hora de acelerar!**

Dedicamos este capítulo a ajudar você a montar um plano de ação eficaz seguindo o método M.E.T.A. – uma metodologia exclusiva e desenvolvida por nós, para direcionar os seus esforços e os seus resultados da forma mais assertiva possível.

MENTALIDADE	ESTRATÉGIA
Seu Ikigai Visão de carreira Valores pessoais	(SWOT de carreira) Forças Fraquezas Oportunidades Ameaças
ACOMPANHAMENTO E ACELERAÇÃO (CARREIRA ÁGIL) To Do Doing Done	TRANSIÇÃO Objetivo Mentores Iniciativas Execução OQQ

ETAPA 1 – MENTALIDADE: IKIGAI, VISÃO DE CARREIRA E VALORES PESSOAIS

Comece escrevendo sua missão, o que realmente lhe faz feliz e brilha seus olhos. Em seguida, defina sua visão de longo, médio e curto prazo; anote onde deseja estar daqui a dez ou cinco anos e nos próximos doze meses, mas sem deixar de lado seus valores – por isso, é importante mapeá-los.

Se você valoriza a transparência acima de tudo, por exemplo, é fácil decidir não trabalhar em uma empresa que não siga esse valor, pois certamente essa incompatibilidade vai afetar o seu desempenho e o seu plano de carreira.

MENTALIDADE

Missão:

Visão de carreira:

Valores pessoais:

ETAPA 2 – ESTRATÉGIA: ANÁLISE SWOT DE CARREIRA

Um bom planejamento estratégico precisa considerar fatores internos e externos que exercem influência direta ou indireta em sua carreira. Uma das aliadas para o planejamento estratégico de carreira é a análise SWOT.

SWOT (ou FOFA) significa forças (*strength*), fraquezas (*weakness*), oportunidades (*opportunities*) e ameaças (*threats*). As forças e as fraquezas estão relacionadas ao ambiente interno do profissional. Já as oportunidades e as ameaças estão ligadas a fatores externos.

S – FORÇAS: Você já possui 70% das competências necessárias para ocupar o próximo cargo que deseja.

W – FRAQUEZAS: Você ainda não se sente seguro para assumir um novo desafio por questões pessoais que estão tomando o seu tempo de estudo para aprender os 30% que restam, impactando sua energia no trabalho.

O – OPORTUNIDADES: Nos próximos seis meses, a empresa passará por um processo de expansão e novas vagas de liderança serão abertas.

T – AMEAÇAS: A vaga será aberta para o mercado, não priorizando os profissionais que já atuam na organização.

Esta é uma análise relativamente simples, mas que permitirá ter visibilidade de pontos que talvez você ainda não tenha considerado. Além disso, é possível definir quais ações deve tomar no âmbito pessoal para mitigar os impactos da vida pessoal no seu plano de desenvolvimento profissional; montar uma estratégia para aumentar o nível de segurança em si para se candidatar a vaga; conversar com o RH e seu líder direto para entender o que esperam da nova posição que será aberta ou até mesmo reavaliar se faz sentido seguir com seu plano de carreira na organização atual, já que ela não costuma priorizar os profissionais internos em processos seletivos de vagas estratégicas.

ESTRATÉGIA

Forças:

Fraquezas:

Oportunidades:

Ameaças:

ETAPA 3 – TRANSIÇÃO

Chegou a hora de definir seus objetivos e mentores; de listar as iniciativas para desenvolver as competências que ficaram abaixo do esperado em sua roda de competências e iniciar a execução OQQ, que pode ter a seguinte configuração como exemplo.

» **ONDE:** Fazer uma formação em Liderança e Gestão em Vendas na Escola Exchange.
» **QUANDO:** Próximo mês.
» **QUANTO:** Pesquisar o investimento e incluir no plano.

TRANSIÇÃO

Objetivo:

Mentores:

Iniciativas:

EXECUÇÃO

Onde:

Quando:

Quanto:

ETAPA 4 – ACOMPANHAMENTO E ACELERAÇÃO: CARREIRA ÁGIL

Mensurar e acompanhar os resultados é o último tópico pelo qual você vai passar no método M.E.T.A. E podemos dizer, uma das mais importantes do ciclo.

Uma boa dica para acompanhamento da execução do plano e seus resultados é usar uma ferramenta de gestão de projeto para gerenciar a sua carreira, para que tenha visibilidade e clareza em quais etapas cada objetivo se encontra e quais os próximos passos. Asana é a ferramenta que nós dois usamos para gerenciar projetos profissionais e pessoais.

É claro que você pode utilizar outras, mas, de modo geral, a gestão de projeto no formato Kanban possui três etapas diferentes: a fazer, em execução e feito. Com base nesses três momentos do seu projeto, você deve incluir a lista do que deve fazer na coluna **a fazer** – cursos, leitura de livros, sessões de mentoria e todas as ações mapeadas anteriormente. Ao iniciar uma ação, deve arrastá-la para **em execução**. Ao concluir, arrastar a sua tarefa para o quadro **feito**.

Nesse formato, você terá um acompanhamento de resultados visual e não se perderá em meio às várias iniciativas em andamento objetivando sua promoção. Avalie a quantidade de iniciativas, tempo médio empreendido nelas e finalizações para lições aprendidas no futuro.

É muito importante que você tome as rédeas da sua carreira, pois nenhum líder ou empresa fará isso por vocês. Colocando em prática as orientações que compartilhamos você garante a evolução constante da sua carreira profissional. Mas saiba que desafios virão e que fatores externos não estão sob o seu controle. Ao longo da jornada, podem surgir mudanças no cenário econômico, demissões em massa, que afetam até os melhores profissionais, contudo aqueles profissionais que focam o que podem controlar, seu desenvolvimento pessoal e profissional, terão sucesso mesmo em meio às adversidades.

19. META BATIDA

> "Não espere, faça acontecer onde você está com os recursos que você possui."
>
> **CAMELY RABELO E RICARDO OKINO**

Provavelmente você começou a ler este livro com a expectativa de desvendar as oito competências apresentadas na roda de competências do mapa de autoavaliação sistêmica para liderar e acelerar os resultados do seu time de vendas, não é mesmo? Descobrir o método inquestionável para a carreira milionária em vendas com certeza chamou sua atenção e você pode estar se perguntando por que chegou até aqui e ainda não descobriu qual foi a virada de chave do nosso sucesso profissional em vendas, certo?

Desde que nos conhecemos, em 2017, percebemos o quão complementares éramos e o quão desafiador poderia ser se tornar metade Camely e metade Okino. Deste modo, dedicamos este capítulo a compartilhar algumas lições que aprendemos ao longo da nossa jornada para construir uma carreira milionária em vendas. Esperamos que você aprenda e replique todas essas lições para que tenha uma jornada próspera e de sucesso!

O mito de que empreender é "apenas" abrir um novo negócio já foi rompido há tempos. Empreender, no sentido mais amplo e louvável da palavra, é fazer acontecer! É um estilo de vida.

Nós saímos da zona de conforto e decidimos empreender mesmo dentro das empresas pelas quais passamos. Isso envolveu contribuir genuinamente para o sucesso das organizações que nos contrataram – o que nos fez alcançar nosso primeiro patamar de liberdade financeira e nos possibilitou avançarmos em nosso plano de carreira.

Fundamos a Escola Exchange tendo a certeza de que nossa jornada de quinze anos em vendas contribuiu para a aceleração dos nossos resultados enquanto fundadores.

Algumas pessoas conquistam a liberdade financeira trabalhando para outras, mas a forma mais rápida ainda continua sendo o empreendedorismo. Então, se o que motivou você a ler este livro foi descobrir, enfim, qual o método da carreira milionária em vendas, saiba que a sua jornada como empreendedor deve começar bem antes de abrir um negócio, pois existem diversas empresas dispostas a tornar o líder de vendas um acionista da companhia.

DEFINA UM PLANO DE CARREIRA PROFISSIONAL CONSISTENTE

Deixar a vida te levar pode ser a pior decisão na carreira de quem deseja ter sucesso e liberdade financeira em vendas. Para quem não sabe aonde quer chegar, qualquer lugar é suficiente!

Coloque em prática o que leu até aqui, principalmente as orientações do capítulo anterior, pois apenas traçando um planejamento estratégico de carreira e assumindo o protagonismo na sua jornada profissional será possível alcançar objetivos extraordinários.

TORNE-SE UM ESPECIALISTA

O melhor caminho para o sucesso é ser bom em várias áreas ou se tornar especialista em algo? Ouvi de um dos meus mentores e que me acompanha ao longo de minha jornada: "Toda história contada de trás para a frente pode ser linda". E posso afirmar que, depois de quinze anos de carreira em vendas, é fácil dizer que quanto mais especialista você é, mais você vale para o mercado, pois mais difícil é compará-lo a outros.

Vale ressaltar que aqui não estamos falando que você deve abdicar do estudo em outras áreas eventualmente relacionadas a vendas, como marketing e sucesso do cliente, mas, sim, que atuar em um segmento promissor e se necessário mudar, buscar empresas que atuem no mesmo mercado ou que tenham alguma relação alavancarão a sua carreira com muito mais facilidade.

Alguns escolhem atuar em empresas de tecnologia assim como nós; outros, no varejo, na indústria, na logística e por aí vai. Neste contexto, o mais importante é que você se torne uma referência para dar o próximo passo, que é **ser reconhecido pelo mercado**.

CONSTRUA UM HISTÓRICO DE SUCESSO RECONHECIDO

Quando você decide ter um estilo de vida empreendedor, desenvolve-se de modo constante, torna-se especialista e entrega resultados acima da média, é natural que outras pessoas queiram aprender com você. E é exatamente neste ponto de carreira que o mercado começa a reconhecer suas potencialidades.

Seja ativo nas redes sociais e compartilhe seu conhecimento, grave podcasts, publique artigos, aceite fazer palestras sobre os temas que você domina e construa sua autoridade, não apenas pelo que você conhece, mas pelos resultados que entrega. Neste estágio, você estará pronto para oferecer o seu conhecimento para outras empresas e ajudar diversas organizações a acelerar os resultados em vendas como você fez por onde passou.

ENCONTRE PESSOAS MELHORES QUE VOCÊ

Nós certamente potencializamos os nossos resultados quando decidimos abrir uma empresa juntos, pois todas as companhias que nos contratam desejam desenvolver em seus liderados os pontos fortes que cada um de nós tem. Sozinhos, não teríamos o potencial que temos juntos.

A mesma premissa também deve ser replicada no intraempreendedorismo. Antes de pensar em abrir um negócio sozinho, aprenda a construir alianças fortes com seus liderados e pares, tenha sócios na organização em que você trabalha, pois uma certeza incontestável para nós é que não é possível alcançar resultados extraordinários sozinho.

PROGRAME SUA MENTE PARA O SUCESSO

Nem só de estudos, experiências e networking se faz um profissional de sucesso em vendas. Quando chegamos à diretoria comercial e decidimos não seguir com uma carreira corporativa, estávamos convictos de que o momento de empreender era aquele. Mas como transformar dois profissionais acostumados a trabalhar para alguém em empreendedores de sucesso?

A primeira palavra que vem à mente é **medo**, uma emoção muitas vezes sem fundamento, sem razão de existir. Isso ocorre quando decidimos mudar de empresa, de área ou abrir nosso negócio fazendo o que sabemos fazer melhor: vender! Em suma, o medo surge quando decidimos explorar o inexplorado, sair da zona de conforto.

Para isso, prepare sua mente para o sucesso, reprograme os comandos neurais existentes, trabalhe para eliminar crenças limitantes que impedem você de começar algo novo ou assumir um desafio em um lugar novo. Eu e Okino nos tornamos hipnoterapeutas graças à busca incessante de autoconhecimento. Desde então, nos dedicamos a ajudar outros profissionais de vendas a destravar todas as crenças que podem os impedir de viver todo seu potencial.

POR FIM, APAIXONE-SE TODOS OS DIAS E PREPARE-SE PARA O PRÓXIMO NÍVEL

Já vimos diversos profissionais da área comercial fazerem transições equivocadas, mudando de empresa, área ou empreendendo e se frustrando por não terem alcançado o sucesso que imaginavam. Ao pararmos para analisar o que existe em comum entre muitos desses profissionais, encontramos o desejo pelo sucesso sem o preparo necessário ou sem paixão pelo que fazem.

A combinação entre desejo, preparo e paixão certamente pode ser considerada por nós dois o método infalível para uma carreira milionária em vendas. E, ao longo deste livro, você teve acesso a todas as ferramentas necessárias para ser um grande líder e gestor, melhorar sua carreira, gerar grandes resultados e impactar de modo positivo a vida dos seus liderados. Está nas suas mãos, e você pode fazer acontecer!

Leitor, no decorrer destas páginas você pôde acompanhar tudo o que julgamos ser importante para o crescimento de um profissional na área de vendas. A sua vida está prestes a mudar. E não se esqueça de que, embora tenhamos trazido diferentes visões e ensinamentos sobre o que aprendemos em quase duas décadas de atuação, você deve ser o protagonista da sua carreira. Desejamos que esta leitura o acompanhe em sua jornada de sucesso e que você se apaixone todos os dias por vendas!